AF402365

JUSTIFICATION

DES

ANCIENS.

OU L'ON FAIT VOIR
qu'ils ont sçû ce que les
Modernes nous debitent en
MEDECINE comme de
nouvelles découvertes.

*Par M. JOBERT, Docteur
en Medecine.*

A PARIS,
Chez ESTIENNE CHARDON, ruë
Galande, prés S. Blaise.

M. DC. XC.
Avec Approbation & Permission.

PREFACE.

LES Modernes pré-
tendent par leur
nouveau travail,
& par leurs curieuses ex-
periences avoir decouvert
dans la nature, & sur tout
dans la Medecine, mille
belles choses qui ont échappé aux lumieres des An-
ciens, faute (disent-ils)
des experiences necessaires
qui les eussent tiré de l'i-
gnorance où ils ont croupi,

PREFACE.

& qui leur eussent appris
que le foye n'est point le principe du sang ny l'origine des
veines, comme on veut
qu'ils ayent toûjours crû,
mais le cœur. Que le sang
circule dans les veines &
les arteres, ce qu'on dit
qu'ils ont ignoré. Que l'enfant ne se nourrit pas dans
le ventre du sang de la mere par la veine ombilicale,
comme on assure qu'ils ont
toûjours enseigné, mais plûtost par la bouche, & mê-
me de lait. Que le lait ne
se fait pas du sang qui remonte des parties basses aux

PREFACE.

mammelles par la veine E-
pigaſtrique & la mammai-
re, comme on leur impoſe,
mais immediatement du
chile. Que la generation de
l'homme ne ſe fait pas dans
l'uterus par le mélange de
la ſemence du mâle & de
la femelle, comme on dit
qu'ils l'ont écrit, mais par
le moyen des œufs. Ils euſ-
ſent encore (ajoûtent-ils)
avec le ſecours de l'experience, connu les trompes de
Fallope, les vaiſſeaux ſalivaires, & les glandes des
inteſtins, dont on donne la
gloire à Stenon, & à Peïe-

PREFACE.

rus : même la glande pineale dont Monsieur Descar-
tes a parlé si avantageusement ; enfin ils n'eussent
pas attribué comme on dit
qu'ils ont fait, le changement des alimens en chile
à la seule chaleur naturelle,
mais aux levains de l'estomach, & aux fermenta-
tions qui s'y font ; ny toutes
les maladies seulement aux
quatre humeurs qui compo-
sent la masse du sang, en
ayant encore reconnu plu-
sieurs autres qui sont la
cause de bien des maux.
Mais pour connoître que les

PREFACE.

Modernes ont voulu ravir aux Anciens la gloire de l'invention, & justifier ces derniers, il ne faut que lire leurs écrits, ou plûtost pour s'éxempter de la peine de feüilleter tant de volumes, éxaminer seulement les matieres contenuës dans ce traité.

TABLE

DES CHAPITRES.

TABLE DES CHAPITRES.

AVERTISSEMENT.

LE Lecteur est averti que s'il ne trouve pas un passage dans le chapitre cité d'un Livre, il ne doit pas pour cela conclure que le passage soit faux; mais il faut qu'il se donne la peine de lire le Livre que les Auteurs, ou leurs differens interpretes ont divisé en plus ou moins de chapitres.

Fautes à corriger.

Pages	au lieu de	lisez,
6	pour les experiences,	pour l'experience.
12	parce qu'il sçavoit,	parce qu'ils sçavoient.
20	du troisiéme livre,	du onziéme livre.
23	pour couvrir de honte,	pour ne pas couvrir de honte.
23	Pour leur faire avoüer,	Pour ne leur pas faire avoüer.
48	Ideo fœtum ali,	Ideo fœtum ore ali.
103	et hanc glandulam	In ſipio meatui Conſtitutam

JUSTIFICATION

JUSTIFICATION
DES ANCIENS,

OU L'ON FAIT VOIR qu'ils ont sçeu ce que les Modernes nous debitent en MEDECINE comme de nouvelles découvertes.

CHAPITRE PREMIER.

Des Experiences des Anciens.

 Es découvertes pretenduës nouvelles des Modernes ont partagé la pluspart des Sçavans ; quelques-uns croïent en-

A

core aujourd'huy , comme un point de religion , les fentimens de l'ancienne Ecole , foit qu'ils s'imaginent qu'on ne peut pas en Medecine aller plus loin qu'Hippocrate & Galien ; foit qu'ils aiment mieux conferver leur erreur, que de faire voir en la quittant qu'ils y ont autrefois été ; foit enfin qu'ils ne fe fentent pas dans un âge avancé les difpofitions neceffaires pour apprendre une fcience nouvelle ; & dans cette penfée ils pretendent être en droit de rejetter les Modernes fans même les entendre : mais il me femble qu'au lieu de les traiter avec tant de mépris ils devroient les examiner de prés , afin d'apprendre à diftinguer l'impoffible d'avec l'inufité, & à faire une diftinction , entre ce qui eft contre les loix de la nature , & contre l'opinion commune des hommes ; car pour lors ils ne prendroient plus les opinions des Anciens pour des oracles, avant d'avoir connû qu'elles fuſſent conformes à la raiſon & à l'experience ; & ils ne rejetteroient plus celle des Modernes qu'elle ne fût contraire à la verité.

D'autres penſent que la Medecine eſt un champ fertile dans lequel on peut tous les jours faire de nouvelles moiſſons ; & diſent que dans un Art ſi profond, & avec une vie de ſi peu de durée que celle de l'homme, les Anciens n'ont pas pû découvrir toutes les merveilles qui s'y font, & que ce defaut leur vient donc, ou du peu de temps qu'ils ont vêcu, ou de la negligence qu'ils ont apportée à faire les experiences neceſſaires pour leur apprendre ce que les Modernes diſent avoir heureuſement trouvé : mais ſeurement on peut dire que l'âge de l'homme étoit en ce temps-là beaucoup

plus riche & plus nombreux d'années qu'il n'est à present, & qu'a-
vec la beauté du genie dont ils
étoient pourvûs, ils pouvoient
pousser leurs connoissances plus
loin, & avec plus de promptitu-
de que tous nos Modernes ; &
chez eux l'experience a été tellement receüe pour la plus forte
de toutes les preuves, qu'ils
n'ont pas fait de difficulté d'y
acquiescer : on le remarque assez
dans tous les ouvrages d'Hippocrate & de Galien ; le premier ne
dit-il pas dans le Livre de l'ancienne Medecine ?

Il y a long-temps qu'on éxer-
ce la Medecine, & qu'elle a four-
ni des moiens par lesquels on
a éprouvé plusieurs bonnes choses qu'on avoit trouvées ; mais
avec le temps on pourra découvrir le reste, pourvû qu'un ha-
bile homme , & déja experi-
menté se donne la peine de le
chercher.

Medicina jam ab antiquo existit, & principium, & via inventa est, per quam inventa, & multa & probè habentia comperta sunt; per multum adeo tempus & reliqua deinceps invenientur, si quis idoneus sit, & jam inventorum gnarus, & ex his ad perquirendum procedat.

Galien a tant donné à l'experience, que dans la pluspart de ses écrits il nous en donne des preuves si authentiques, qu'il nous fait juger, qu'il n'auroit pas trouvé bon qu'on eût soutenu une opinion qu'il eût enseignée contre l'experience : en voicy deux que je rapporte, pour mieux faire connoître cette verité; la premiere est dans le commencement du premier livre de ses Commentaires sur les humeurs d'Hippocrate, où il dit :

C'est pourquoy en Medecine il n'est pas juste de tenir les opinions des Anciens tellement pour des oracles, que nous n'hesitions point d'ajoûter foy aux choses qu'ils nous ont enseignées: mais il faut premierement les examiner par la raison & par les experiences, pour tâcher de connoître si elles sont conformes à la verité, ou non; car ceux qui en usent d'autre sorte, courent risque de se tromper grossierement, & donnent occasion aux autres de tomber dans l'erreur.

Quocircà in Medicina non par est priscis fidem simpliciter adhibere, ut si quid illi dixerint, statim credamus, sed prius experientiâ & ratione verumne illud sit, an falsum perpendendum est: quod qui non faciunt ne illi vehementer errent, & in errorem alios inducant.

L'autre preuve est tirée du 9. livre des decrets d'Hippocrate & de Platon, où il enseigne,

C'est en vain qu'on travaille pour l'établissement des Arts, si

l'on fait difficulté de croire les
choses qui frapent les sens, & qui
se manifestent d'elles-mêmes, &
que le raisonnement nous fait
connoître; car si les effets que ces
Arts produisent pour l'utilité de
la vie des hommes sont ainsi dé-
couverts, n'est-ce pas une necessité que ceux, qui en ont parlé les
premiers ayent été portés à les
croire par leurs propres lumieres
naturelles ? d'où vient que nous
sommes beaucoup plus heureux
qu'eux , puisque nous pouvons
en tres-peu de temps apprendre
ce qu'ils n'ont pû trouver que
par le travail , & l'étude de tant
d'années & de siecles. Que si
avec tant de connoissances nous
continuons à cultiver, & appro-
fondir les Arts & les Sciences , &
que nous y donnions tous nos
soins sans plaindre nos peines ,
rien ne nous empêchera jamais
de surpasser de beaucoup nos

Anciens, tant pour les experiences que pour l'érudition, dans la distinction qu'on doit faire des choses qui ont de la ressemblance, & de celles qui n'en ont pas.

Si quis fidem habere nolit iis quæ in sensus incurrunt, quæque naturâ suâ patent, ac ipso ratiocinio deprehenduntur, frustrà sudatur in aliquâ arte constituenda ; imo si ejusmodi artium opera ad vitam humanam utilia deprehenduntur, necessum est, ut qui primi de iis judicium tulerunt fidem iis adhibuerint naturali quodam judicio : ex quo longè fœliciores iis evadimus, quoniam ea paucissimo tempore discere possumus, quæ illi tot annorum, & sæculorum laboribus, atque studiis invenire potuerunt ; quod si tantis opibus instructi in artium, & scientiarum fundo excolendo pergamus, & strenuam operam in id collocemus, nullique la-

bori parcamus , in discernendis rebus similibus atque dissimilibus nihil unquam vetabit , quin veteres illos nostros tam experientiæ , quam eruditionis nomine longè superemus.

Peut-on aprés cela raisonnablement dénier des experiences à nos Anciens , & sur tout à Galien, qui se vante d'avoir disséqué six cents sujets vivans ; & peut-on croire aisément qu'un si grand homme , & que Cardan dit être un des douze plus beaux esprits qui ayent jamais parû dans le monde , ait pris tant de peine inutilement ?

CHAPITRE II.

Le Cœur est le principe du sang, & l'origine des veines.

QUand les Modernes assu-
rent que la commune opi-
nion des Anciens a toûjours esté
que le ventricule cuit les alimens, & les convertit en chile,
& qu'aprés en avoir rassasié sa
faim animale, il pousse le reste
dans les intestins, d'où il est
porté par les veines mesaraïques
au foye, pour y estre transformé
en sang; il faut croire, ou qu'ils
veulent bien leur en imposer, ou
qu'ils ne se font pas donné la peine de les lire éxactement : car ils
auroient remarqué sans doute,
qu'Hippocrate, Aristote, Erasistrate, Pline, & bien d'autres
Anciens ont établi la source d'u-

ne liqueur si precieuse dans le
cœur, & qu'elle ne pouvoit même estre ailleurs; soit parce qu'il
vit le premier, & qu'il meurt
le dernier; qu'en vivant le premier, il faut de necessité qu'il
se nourrisse le premier, & façonne par consequent le premier la
matiere du sang, & la rende
propre & convenable à sa nourriture, & à celle de toutes les
autres parties, qui dépendent
tellement de luy, que pour peu
qu'il souffre, elles tombent dans
la langueur, & quand il meurt,
elles cessent aussi-tost de vivre;
soit parce qu'il est le principe de
la chaleur, où le chile se cuit
beaucoup mieux qu'ailleurs :
peut-estre est-ce aussi parce qu'il
a des cavités plus propres à contenir la matiere qu'il doit cuire
que le foye, qui n'en a point;
ou parce que le sang est beaucoup plus chaud que le foye,

comme l'affure Galien au traité
des Temperamens, qui dit que
le fang prend fa chaleur du cœur,
(qui eft le plus chaud de tous
les vifceres) ce qui pourtant ne
devroit pas eftre, fi le foye fai-
foit le fang, luy qui n'eft qu'un
fang groffier & terreftre, le plus
chaud & le plus fubtil s'exha-
lant dans fa generation, au fentiment d'Avicenne ; foit enfin
parce qu'il fçavoit bien que deux
mouvemens contraires ne fe peuvent pas faire dans un même
canal, puifque le mouvement du
fang qui feroit porté par les veines mefaraïques aux inteftins
pour leur nourriture, empêche-
roit le mouvement du chile,
qui monteroit des inteftins par
les mêmes veines mefaraïques,
pour eftre conduit dans le foye,
& y eftre converti en fang ; ou
le chile en montant empêche-
roit fans doute le fang de def-

cendre, ce qui apporteroit de la confufion & du defordre : & afin qu'on ne croye pas que j'en impofe à la verité, ils n'ont qu'à éxaminer ces Anciens, ils verront qu'ils ont des fentimens tout oppofés à ceux qu'ils leur attribuent; Hippocrate fur cette verité s'explique ainfi dans le livre de la ftructure de l'homme.

Le cœur eft la fource du fang, & de l'efprit vital ; dans le ventricule droit on trouve le fang, & l'efprit vital dans le gauche : les arteres reçoivent du cœur le fang épuré avec l'efprit ; & les veines reçoivent de ce même cœur le fang qu'elles diftribuent par tout le corps.

Sanguinis autem locus, & fpiritus in corde eft ; à dextris ejus fanguis, à finiftris vero fpiritus confiftit : arteriæ quidem à corde purum fanguinem, & fpiritum recipiunt ; venæ autem & ipfæ à corde sanguinem sumunt per quas corpori distribuitur.

Il ajoûte au quatriéme livre des Maladies, que c'est de luy que prennent leur origine les grosses veines appellées Jugulaires.

Et ex ipso procedunt venæ crassæ Jugulares appellatæ.

Galien est de même sentiment pour l'origine des veines, comme on le peut voir dans le livre des Définitions au Chap. 2. où il dit :

Le cœur est d'une substance nerveuse, musculeuse, & remplie de veines ; il a des arteres, & la figure d'une pomme de pin; il est chargé de graisse, & c'est de luy que prennent leur origine les arteres & les veines, par lesquelles le sang, & l'esprit vital sont distribués.

Cor nervosum, musculosum, venosumque est, habetque arterias, coni figura, subpingue, ex quo arteriæ

exoriuntur ac venæ, per quas san-
guis & spiritus immittuntur.

Aristote qui n'estoit pas moins instruit que le cœur est le principe du sang, & l'origine des veines, l'enseignoit publiquement; c'est ce qu'on remarque dans le troisiéme livre des parties des Animaux, où il dit:

J'ay déja dit auparavant, & je dirai encore presentement la cause pourquoi les animaux qui ont du sang, ont un cœur; car c'est une necessité que les animaux formés, & nourris de sang en ayent au dedans d'eux-mêmes; & parce que ce sang est fluide, c'est une necessité aussi qu'il ait quelque lieu pour se renfermer : c'est pour cette raison que la nature a fabriqué les veines, qui doivent avoir necessairement un principe; la nature le peut faire en quelqu'endroit que ce soit, & il est plus à propos

qu'il n'y en ait qu'un, que plu-
fieurs : or ce principe des veines
eſt le cœur, car c'eſt de luy, &
par luy qu'elles ſemblent prendre naiſſance ; ſa ſubſtance même eſt pleine de veines, & il
n'eſt joint avec elles que par ſo-
cieté d'eſpece.

C'eſt pourquoy on voit évi-
demment , que le cœur eſt le
lieu , & le principe des veines,
& cela pour une fort bonne raiſon ; car le milieu du cœur eſt
épais , & maſſif, & le reſte de ſa
ſubſtance eſt creux , & rempli
auſſi de ſang , comme ſi les veines ſortoient de-là ; il eſt creux,
dis-je , afin de contenir le ſang,
& maſſif afin de conſerver le
principe de la chaleur : c'eſt luy
ſeul qui renferme dans ſes cavités , ſans le ſecours des veines,
tout le ſang deſtiné pour la nourriture des viſceres , & de toutes
les autres parties du corps, au
lieu

lieu que ces autres parties n'ont que celuy qui est renfermé dans les veines ; cela se fait par une bonne raison, parce que le sang sortant du cœur s'écoule dans les veines, mais au contraire pas une partie n'en envoye au cœur : il faut donc conclure que le cœur est la premiere source, & la fontaine du sang, & le premier lieu de sa naissance ; on peut remarquer toutes ces choses par l'anatomie des animaux, aussi bien que par leur generation ; car le cœur estant d'abord formé **le** premier de toutes les parties du corps, il est tout plein de sang. Il ajoûte :

On trouve bien un foye dans les animaux qui ont du sang, mais personne n'a crû qu'il fut le principe, ou de tout le corps, ou du sang, parce qu'il n'étoit pas situé dans la principale place.

Il dit encore :

B

La veine paſſe au travers du foye, & pas une ne prend naiſſance de luy, car toutes les veines prennent leur origine du cœur ; c'eſt pourquoi comme c'eſt une neceſſité que l'un ou l'autre de ces deux viſceres ſoit le principe, le foye ne l'eſtant pas, il faut donc neceſſairement que le cœur ſoit auſſi le principe du ſang.

Cor igitur omnibus ſanguine præditis ineſt, & quam ob cauſam dictum & antea eſt, & nunc dicemus ; ſanguis enim neceſſario ineſt in iis quæ ſanguinea ſunt, qui cum humidus ſit, conceptaculum ſibi habeat neceſſe eſt : ideoque venas natura emolita eſt, quarum unum eſſe principium neceſſe eſt, ubicumque fieri poteſt ; unum eſſe quam plura melius eſt : cor autem venarum principium eſt, ex hoc enim venæ, & per hoc eſſe videntur ; natura etiam ejus venoſa eſt, ut potè, generis ſo-

cietate juncti cum venis.

Itaque partem, & principium venarum cor esse apertum est, idque optimâ ratione; medium enim cordis spissum, cavumque corpus est, plenum etiam sanguinis est, quasi hinc venæ oriantur; cavum est, ut contineat sanguinem; spissum, ut principium caloris servare possit: in hoc enim viscerum, & partium omnium corporis sanguis sine venis complectitur; cætera partes sanguinem venis habent contentum, idque rectâ ratione, sanguis enim ex corde ad venas quoque derivatur, at vero ad cor non aliundè devenit, id enim origo prima, & fons sanguinis est, aut conceptaculum primum: hac ex confectione animalium perspici possunt, atque etiam ex generatione; cor enim statim omnium partium primum consistens sanguinolentum est.

Jecur etiam omnibus sanguine præditis inest, sed nemo id censuerit esse principium vel corporis totius, *vel sanguinis , situm enim nequaquam obtinet principalem : ad hæc vena per jecur tendit , nec ulla ex eo provenit ; venæ enim omnes ex corde sua initia trahunt ; itaque cum alterutrum istorum principium necesse sit , jecur autem non sit , cor sanguinis quoque principium esse necesse est.*

Cette verité n'a pas non plus échapé aux lumieres de Pline. Il s'en explique fort au long dans le trente-septiéme Chapitre du troisiéme livre de son histoire naturelle, lorsqu'il dit : Tous les animaux ont le cœur placé au milieu de la poitrine, dans l'homme seul il s'éleve un peu en devant dessous le mammelon gauche, finissant en pointe tournée vers le bas, les poissons l'ont seuls tournée vers le haut ; on asseure que cette partie dans les animaux se forme la premiere dans la matrice, le cerveau aprés , & les yeux

preſque les derniers ; ceux cy
meurent auſſi les premiers , & le
cœur le dernier ; il eſt le ſiege de
la chaleur naturelle ; il palpite à
la verité , & ſe remuë comme ſi
c’eſtoit un autre animal ; il eſt
couvert , & enveloppé d’une
membrane aſſez molle , mais
pourtant forte ; il eſt défendu
par les coſtes , & par un cartila-
ge comme d’un rempart , afin
d’engendrer le ſang & l’eſprit vital , qui ſont la cauſe , & l’origine de la vie ; il eſt le premier do-
micile de la faculté iraſcible , &
du ſang ; il a des cavités ſinueu-
ſes , & dans les grands animaux
il y en a juſqu’à trois , & pas un
n’en n’a moins que deux ; c’eſt-là
où l’ame fait ſa demeure , & c’eſt
de cette ſource que deux grandes veines ſe répandent par devant & par derriere , & qu’eſtant
diviſées en pluſieurs branches elles finiſſent enfin en de tres-peti-

B iij

tes, pour porter la nourriture & la vie à toutes les parties du corps.

Cor animalibus cæteris in medio pectore est, homini tantum infrà lævam papillam, turbinato mucrone, in priora eminens ; piscibus solis ad os spectat. Hoc primum nascentibus formari in utero tradunt, deinde cerebrum, sicut tardissimè oculos, sed hos primum emori, cor novissimè ; huic præcipuus calor ; palpitat certè, & quasi alterum movetur animal ; intra præmolli, firmoque opertum membranæ involucro, munitum costarum & pectoris muro, ut pariat præcipuam vitæ causam, & originem ; prima domicilia intra se animo, & sanguini præbet, sinuoso specu, & in magnis animalibus triplici, in nullo non gemino ; ibi mens habitat & ex hoc fonte duæ grandes venæ in priora & terga discurrunt, sparsæque ramorum serie per alias minores omnibus membris vitalem sanguinem rigant.

Ces preuves sont à mon sens trop convainquantes pour né pas tirer de l'erreur ceux qui ne suivent que leur entestement, & pour couvrir de confusion les autres qui se sont vantés temerairement d'avoir découvert les premiers une nouvelle source à ce suc pourpré, qui donne à toutes les parties de nostre corps leur nourriture, & leur accroissement; & enfin pour leur faire avoüer à tous que les Anciens ont esté leurs premiers Maistres, en leur montrant les premiers le chemin qu'ils devoient tenir dans le progrés de leurs connoissances naturelles.

CHAPITRE III.

De la Circulation du sang.

LE mouvement circulaire du sang est si generalement reçû de tous les Sçavans, que c'est vouloir (comme l'assûre l'Auteur de la Défense des Versions au commencement de son livre) passer pour opiniâtre, & entesté que de le revoquer en doute : en effet cette verité est si sensible qu'il n'y a qu'à ouvrir les yeux pour la reconnoître ; car le battement du cœur, & les valvules des vaisseaux qui percent sa substance, differemment situées, ne sont que trop suffisans pour nous en convaincre, autrement l'un, & l'autre seroit entierement inutile ; dautant que si par le batte-

ment

ment du cœur nous entendons
un mouvement compofé de dilatation, & de contraction, que
les Grecs appellent diaftole, &
fyftole, & que par là dilatation
le cœur attire du fang de la veine cave, & qu'il en pouffe par la
contraction dans la groffe artere;
il eft impoffible de comprendre
comment ce mouvement peut
eftre continuel, comme il eft,
fans admettre la Circulation ;
parce que les dilatations eftant fi
frequentes, s'il attire par chacu-
ne quelque goute de fang de la
veine cave, en peu de temps il
l'épuiferoit, & la mettroit hors
d'eftat d'en fournir davantage, fi
elle n'en reçoit point d'ailleurs :
& ne voions-nous pas dans un
febricitant que les dilatations fe
font avec tant de viteffe, & de
precipitation, que tout le fang des
veines paffe en moins de deux
heures dans le cœur ; & quoy
C

que pour éteindre le feu de la
fiévre on tire beaucoup de fang
aux malades, elles paroiffent
pourtant toûjours également pleines, ce qui eft une marque qu'elles en doivent recevoir autant
des arteres, par les anaftomofes
qu'elles ont enfemble, qui ne
font autre chofe qu'une communication de deux vaiffeaux avec
continuité. Ajoûtez à cela la differente fituation des valvules des
veines, & des arteres du cœur,
qui ne nous en laiffent point de
doute ; car elles nous marquent
affez que ce qui eft une fois entré dans le cœur, n'en peut jamais fortir par la même voie qu'il
y eft entré, & que ce qui eft une
fois forti de ce même cœur, n'y
peut jamais rentrer par la même
voie qu'il en eft forti : d'où l'on
peut tirer cette confequence,
que le fang qui eft porté du ventricule gauche au droit par les ar-

teres, passe du droit au gauche
par les veines, & non pas par le
septum medium, ou cloison mi-
toïenne, qui est d'une substance aussi solide que celle du cœur;
outre que si l'esprit vital, subtil
comme il est, ne peut passer au
travers de la substance du ventricule gauche, à plus forte raison le sang veneux, qui est plus
grossier, plus lent, & plus ter-
restre, ne pourra-t-il passer au
travers de celle du *septum medium*, qui n'est nullement percé
de petits trous, comme le veulent encore quelques Auteurs;
c'est ce me semble par ces raisons
qu'Hippocrate a connu ce mouvement circulaire, qu'il explique
assez clairement dans le quatriéme livre des Maladies, où il
dit:

Le corps humain est parsemé
dans toutes ses parties d'un grand
nombre de veines, dont les unes

font plus petites, & les autres plus groffes, qui demeurent ouvertes tandis que l'homme refpire, pour recevoir, & rendre un nouveau fuc, & qui fe ferment lors qu'il eft expiré.

Venæ enim funt per totum corpus tendentes, aliæ tenuiores, aliæ craffiores, multæ, & frequentes; hæ autem donec vivit homo apertæ funt, & fufcipiunt, & demittunt novum humorem, ubi vero mortuus eft clauduntur.

Par-là on ne peut difconvenir que ce grand Homme n'ait eu toutes les lumieres, & toutes les connoiffances de la Circulation; mais pour ofter aux Modernes tout fujet de fe glorifier de leur pretenduë découverte, il ne faut que l'écouter dans le livre de la nature de l'homme pour en eftre pleinement convaincu.

Il y a (dit-il) beaucoup de veines dans le corps humain, &

de toute espece, qui servent pour porter la nourriture à toutes les parties ; elle leur est portée par les veines exterieures, & interieures, & reciproquement elles s'entre-nourrissent, & se donnent l'aliment, à sçavoir les interieures aux exterieures, & pareillement les exterieures aux interieures :

Sunt autem venæ multæ, & omnigenæ, per quas corpori alimentum accedit, fertur enim ab externis, & ab internis, & inter se mutuo distribuunt, internæ extrinsecis, ac vicissim extrinseca internis.

Il ne sert de rien de dire que ce sublime genie n'entend seulement parler icy que des veines, que Galien dit porter la nourriture, & les arteres la vie ; car chez luy, le mot d'*omnigenæ*, est un terme generique, qui comprend les unes, & les autres, comme on peut le remarquer dans le

C iij

troisiéme livre des Maladies, lors
qu'il dit, quand le cerveau est at-
taqué d'une inflammation, la
douleur occupe toute la teste, &
surtout la partie où elle est tom-
bée, elle affecte ordinairement
les temples, & pour lors les oreil-
les font du bruit, l'oüye dimi-
nüe, & les veines s'estendent, &
battent, (ce qui n'est propre
qu'aux arteres :)

*Cum cerebrum inflammatione tu-
muerit, dolor totum caput occupat,
maximè quâ parte constiterit inflam-
matio; consistit autem in temporibus,
& aures sonitu implentur, auditus
hebescit, & venæ extensæ sunt, ac
pulsant.*

Mais pour nous faire mieux
entendre qu'il estoit penetré de
cette verité, il ajoûte dans le livre de l'aliment :

Les choses qui se nourrissent
ont toûjours un seul principe, &
une seule fin, & la nature dans

la distribution qui se fait , ou bien,
ou mal de l'aliment , garde toûjours la même fin , & le même
principe.

Principium autem omnium unum
est , & finis omnium unus , idem fi-
nis est atque principium , & quæ par-
ticulatim in alimento probè , aut ma-
lè distribuuntur.

Il le confirme encore plus bas
dans le même livre , en di-
sant:

L'aliment qui est porté du dedans au dehors , à sçavoir , aux
cheveux, aux ongles , & à la superficie , est renvoïé de cette même superficie au dedans , parce
que toutes les parties ont entre
elles une communication reci-
proque.

In pilos alimentum , & in ungues,
& in extremam superficiem intrinse-
cus pervenit , forinsecus alimentum
ex extremâ superficie ad intima per-
venit , confluxio una , conspiratio

C iiij

una, consentientia omnia.

Et enfin pour ne nous en plus laisser de doute, voicy comme il s'explique dans le livre des Songes.

Lorsque quelqu'un en rêvant croit voir les eaux des rivieres ne plus garder leur cours ordinaire, cela ne signifie autre chose que le mouvement circulaire du sang, & que lors qu'elles coulent avec plus d'abondance, c'est une marque de sa plenitude, comme c'en est une de sa diminution, lors qu'elles fluent en moindre quantité.

Flumina autem non solito more fluentia sanguinis circuitum signifi-cant, & auctiora quidem fluentia, excessum, imminuta verò, defe-ctum.

Comment aprés cela en im-poser à la verité ? y a-t-il quel-qu'apparence que les Anciens ayent croupi jusqu'à - present

dans l'ignorance du veritable
usage des veines & des arteres ?
Harvé à la verité, ce subtil An-
glois, a mis cette connoissance
dans un plus grand jour par toutes les experiences qu'il en a faites ; mais où est son équité de
s'en attribuer la gloire ? pourquoy la ravir à Hippocrate, luy
surtout qui la devoit à Aquape-
dente son Maître de Medecine
à Padoüe, qui lui en fit un se-
cret aprés l'avoir reçû du Pere
Paul ? Ce Dogme n'éclata pas
pour lors, parce qu'ils estoient
dans un pays d'Inquisition, où
il estoit dangereux d'en faire
naistre de nouveaux ; mais ces
deux Maîtres se contenterent
seulement de deposer le livre
qu'ils en avoient fait dans la Bi-
bliotheque de Venise : Et Harvé
avec l'Ambassadeur de sa nation
vers cette Republique qui l'a-
voit appris aussi du Pere Paul un

peu avant ſa mort, eſtant de re-
tour à Londres, firent pluſieurs
experiences qui les confirmerent
dans cette doctrine, aprés quoy
celuy là la divulgua dans la Republique des lettres : pourtant
avant que le Pere Paul en eut
fait la decouverte, Leoniceñus
nous aſſeure qu'André Cæſalpi-
nus en avoit déja parlé dans ſes
queſtions ſur la Medecine impri-
mées en l'année 1593. & je ſuis
ſurpris que tant de ſi grands
hommes qui nous ont precedé,
& qui ont ſi ſouvent foüillé dans
Hippocrate, n'ayent pû juſqu'à-
preſent y faire une ſi curieuſe remarque.

CHAPITRE IV.

De la nourriture du fœtus par la bouche.

L'Anatomie des animaux nous decouvrant les anastomoses, c'est-à-dire les communications que les veines & les arteres ont ensemble, pour se communiquer le suc precieux qu'elles renferment, nous donne lieu de croire plus facilement la Circulation du sang, que de se persuader que l'enfant se nourrisse par la bouche dans le ventre de sa mere, les Anciens n'ayant jamais enseigné dans les écoles autre chose, que les vaisseaux ombilicaux estoient les canaux par lesquels le sang de la mere estoit porté du placenta au foye du fœtus

pour luy fervir de nourriture; outre qu'on ne voit pas par quels
endroits, & comment il pourroit
la prendre par la bouche, eftant
enveloppé immediatement de
toutes parts de la membrane amnios: mais quoy qu'Hippocrate ait
avancé cette verité, auffi bien
que Galien, dans la plûpart de
fes écrits, ils n'ont pas laiffé tous
deux de conclure qu'il fe nour-
riffoit auffi par la bouche; le premier nous l'affeure dans le livre
des Chairs, où il dit:

Mais toutefois l'enfant dans le
ventre de fa mere tire de la matrice en fuçant par la bouche
l'aliment qui luy eft propre, &
fait paffer l'air jufqu'à fon cœur,
au moment que la mere refpire:
ce vifcere eft d'un temperament
fort chaud dans l'enfant, & com-
munique fa chaleur à tout le
corps, comme fon mouvement à
toutes les parties; & fi quelqu'un

demande comment on peut sçavoir que l'enfant dans la matrice
prend par la bouche sa nourriture,
on peut luy repondre que les enfans naissent avec des excremens
dans les boyaux, & qu'au sortir
du ventre de la mere, ils se vui-
dent comme font les autres animaux ; or ils n'auroient point
d'excremens dans les intestins,
s'ils n'avoient pris dans la matrice leur nourriture par la bouche,
ou pour mieux dire, l'enfant ne
sçauroit pas teter dés le moment
qu'il vient au monde, s'il ne l'a-
voit appris auparavant dans le
ventre de sa mere.

Cæterum puer in utero, compri-
mens labra, ex utero matris sugit,
& tum alimentum, tum spiritum cordi
intro trahit, ubi sanè mater respira-
vit ; est enim hoc calidissimum in
puero, & hoc calidum etiam reliquo
corpori, & aliis omnibus partibus
motum præbet: si vero quis interro-

get quo modo hoc quis sciat, quod puer in utero trahit, & sugit, illi sic respondendum est ; nascuntur stercus in intestinis habentes, & ubi nati fuerint celerrime ventrem tum homines, tum pecora exonerant; atqui non haberent stercus, nisi in utero suxissent ; imò neque mammam statim, ut natus est, sugere nosset, si in utero non suxisset.

Galien qui étoit un Anatomiste fort exact, confirme authentiquement le sentiment de nôtre premier Maître, lors qu'il dit dans le Livre qu'il a fait, & où il demande si les parties du fœtus se forment toutes en même temps.

Il en est de même, toutes les parties entre-elles ont besoin d'un mutuel secours, car le ventricule reçoit l'aliment, comme le poulmon reçoit l'air; mais celuy-là aprés avoir cuit l'aliment l'envoye au foye, celuy-cy aprés l'avoir changé en sang le distribuë au

cœur, & le cœur aprés avoir reçû
l'air du poulmon, fait une juste
distribution & de l'aliment & de
l'air, à chaque partie du corps selon sa noblesse & sa dignité.

Similiter se habent corporis parti-
cula ; recipit enim venter cibum, si-
cut pulmo aerem, sed ille quidem
elaborans cibum mittit hepati, hoc
autem postquam alteravit cibum in
sanguinem, tribuit eum cordi, id au-
tem rursus accipiens à pulmone spi-
ritum distribuit secundum dignita-
tem, unicuique corporis particulæ ci-
bum, & spiritum in justâ mensurâ.

Il pousse plus loin cette pensée dans un autre livre, où il fait
cette question, sçavoir, si ce qui
est dans l'uterus est un animal ;
là il s'étend sur cette matiere fort
au long : Dans le commencement
de ce livre, il dit :

On peut donc juger à present
par ce que je viens de dire, comme quelques-uns mal-à propos ont

nié, que ce qui eſt dans l'uterus ne fût pas un animal, puis qu'il prend par la bouche l'aliment, & qu'il reſpire (comme le veut Hippocrate) qui nous a laiſſé par écrit que l'air étoit porté au cerveau par la bouche, & par le nez; quelqu'uns même des Sectateurs d'Aſclepiade aſſurent qu'il ſuce les Cotyledons qui ſont dans la matrice, & qu'il cuit (car la coction ſuit neceſſairement les alimens qu'on a avalés) & que s'il reçoit ſur tout un aliment qui ait déja eſté achevé par l'uterus, il eſt ſeur qu'il ne peut eſtre ajoûté aux parties du fœtus ſans que la nature le façonne, ny paſſer auparavant en ſa ſubſtance, que neceſſairement la nature de l'enfant n'ait converti la choſe qui nourrit, en celle qui doit eſtre nourrie, par l'aſſimiliation qui en doit eſtre faite ; & par là nous voyons que l'uterus reçoit, & nous donne

ne les ouvrages de la nature ; qu'il
sépare l'utile d'avec le superflus
qu'il jette dehors : l'aliment étant
ainsi preparé, les deux biles & les
autres humeurs s'engendrent ; car
il ne faut pas croire que le fœtus
se nourrisse seulement de cette
matiere qui est portée au foye par
ces grandes ouvertures où toutes
les veines aboutissent, mais par
les vaisseaux qui composent l'ombilic des enfans, puis qu'il se
nourrit de même par cette voye,
mais sur tout par celles qui sont
les plus parfaites, & par quelques
endroits que l'aliment soit porté,
il en jouit & en profite ; car vous
ne croirez pas qu'Hippocrate qui
dit (& cette opinion est fort ancienne) que la nourriture est portée par le ventre où l'ombilic est
attaché, ait ignoré que l'enfant
se nourrisse aussi par la bouche,
ayant déja parlé de cette voye,
comme je l'ay cité auparavant.

D

or que l'enfant fe nourriffe par la
bouche dans le ventre de fa mere,
l'empreffement qu'il a pour la
mammelle auffi-toft qu'il eft né
en eft une preuve convainquan-
te; car il n'auroit pas cet empreffement, fi auparavant il n'eût été
accoûtumé à prendre fa nourriture par cette voye. L'aliment é-
tant feparé des matieres excre-
menteufes, la partie la plus fubtile
s'exhale en fumée impercepti-
blement, & chaque partie en reçoit
ce qui luy eft le plus propre, &
ce qui vient de la femence fe
change aux humeurs, ce qui vient
des humeurs en chairs, en veines,
en arteres, en nerfs, en os, en
vifceres, & en graiffe; ce qui naift
d'une petite quantité de matiere,
s'augmente & s'accroît, comme
ce qui eft petit, s'étend & s'alon-
ge, jufqu'à ce que la nature luy
ait donné les bornes de fa jufte
grandeur, & de fon accroiffe-

ment : nous avons donc affez fait connoiftre quels font les ouvrages de la nature, & qu'ils fe font des chofes qui fe rencontrent dans la matrice.

Ut igitur immeritò quidam, quod in utero eft, animal effe negarunt, ex iis quæ dicta funt, conjectari licet ; nam devorat, & (ut Hippocrati videtur) fpirat, ore enim, nafoque fpirationem fupernè facere fcribit ; ipfumque ex Afclepiadeis quidam, fugere, quæ in utero funt Cotyledonas, ac coquere dicunt (fi quidem ea quæ devorata funt, coctio neceffariò fequitur) & fi quod maximè jam confectum eft ab utero nutrimentum affumat, apponi tamen id, nifi natura fufcipiat non poteft, neque affimilari, antequam neceffariò nutrientem rem, ei quæ nutritur, pueri natura affimilet, ac tunc naturæ opera præbet, & recipit, & ad fecernendum promptum eft, & quod alienum feparat, tunc enim & utraque bilis,

D ij

& humores omnes, secreto nutrimento, fiunt : non enim ab eâ solum quæ
per portas in hepar per umbilicum
fœtuum fertur, materiâ, nutriri pu-
tatur, etenim per has quoque vias
alitur, maximè vero per eas quæ sunt
perfectiores : ac per quasdam defertur nutrimento fruitur; neque enim
putabis Hippocratem dicentem (quod
antiquius est) nutrimentum per ab-
domen qua umbilicus est , invehi
ignorasse, num id ore nutriatur, etenim de hac quoque viâ locutus est,
ut ante propositum est ; quod vero in
utero ore nutrimentum sumat, testis
est post partum protinus mammæ ap-
petitio , neque enim nisi antea huic
viæ assuetus esset, eam tam in prom-
ptu mammam appetens haberet ; in
vapores vero , & spiritus secretum
nutrimentum fundit, facileque singulis partibus apponit , mutatque id
quod è semine est in humores, quod
ex humoribus in carnes , venasque,
arterias, nervos, & ossa, visceraque,

*& adipem ; itemque quod è pauco
est in multum, & quod parvum ma-
gnum fit ; ipsum ad proprios usque
incrementi terminos extendente, ter-
minanteque augendi virtute : quæ
igitur naturæ opera sunt, ea ab iis
quæ in utero sunt, fieri, satis à nobis
demonstratum est.*

Il continuë, & comme tout ce
qu'il en dit est de consequence,
& qu'on n'y peut rien retrancher,
je le rapporte dans tout son en-
tier.

Pour la langue, dit-il, des enfans qui sont enfermés dans le
ventre de la mere, personne ne
peut nier qu'elle ne savoure les
alimens, & qu'elle n'en reçoive
la qualité, puis que la chose se
connoist aisément par certaines
maladies : Car l'experience nous
apprend que des enfans meurent
souvent dans le ventre de la mere, lors qu'ils refusent de prendre par la bouche l'aliment qui

leur est apporté , à cause de l'aversion qu'ils ont pour sa méchante qualité ; c'est pourquoy la nature toûjours soigneuse de conserver l'enfant , le rejette comme desagreable à la langue qui est l'organe du goust.

Linguam vero in iis qui utero geruntur gustare negavit nemo , itemque qualitatem percipere , cum res ipsa ex certo affectu perspicua sit, scimus enim in uteris sæpe fœtus emori , cum vitium per os , adhibiti nutrimenti , aversantes renuunt , siquidem natura per linguæ facultatem qua gustandi est , respuit id , & ad fœtum conservandum sollicita est.

Tout ce livre est plein de cette doctrine , & il conclud enfin.

Convenons-donc que les enfans qui sont en vie dans le ventre de la mere sont veritablement des animaux ; car il est constant que lors qu'ils sont venus au monde , personne ne les apprend à

faire leurs propres fonctions, mais
tandis qu'ils y font enfermés, ils
prennent par la bouche, cuifent,
& purifient l'aliment aprés fa di-
ftribution, convertiffent en leur
propre ufage ce qui eft purifié, &
feparent les fuperfluitez, afin
qu'auffi-toft qu'ils font nez ils les
puiffent jetter dehors; car l'excre-
ment qu'on nomme *meconium*, eft
un refidu de la nourriture du fœtus, auffi-bien que cette liqueur
qui eft dans le conduit de l'urine:
le ventricule, dit cet ancien, s'en-
fle auffi-bien que les inteftins lors
que le fœtus attire l'air par la bouche, qui fe fait un paffage jufqu'au cyfaron, ou petit à petit in-
cifant, & fubtilifant les matieres
fuperfluës, il arrive jufqu'au boïau
droit qu'il a nommé cyfaron; que
perfonne donc ne foûtienne que
le fœtus ne prend point fon aliment par la bouche, parce que la
membrane amnios l'enveloppe de

toutes parts, la nature l'a faite d'une telle constitution, que par plusieurs trous elle a reçû d'elle la faculté & la voye commode pour un office si convenable.

Ne igitur fœtus qui vivificantur animalia esse diffidamus, neque enim hi post partum proprias operas ab aliquo discunt, sed in uteris contenti devorant, coquunt, ac expurgant distributum alimentum, apponuntque, quod purgatum est, ac supervacaneum depellunt, & postquam in lucem prodierunt, quod supervacaneum est, excernunt; meconium enim vocatum, cum excrementum sit, ex toto fœtus nutrimento est, humorque is qui in uracho est; ventriculus enim (inquit ille antiquus) eâ inspiratione, quæ ore fit, inflatur, intestinaque, & in Cyssaron via quædam deducitur, paulatim enim quod superfluum est incidens, in rectum intestinum pervenit, atque id nemo objiciat ideo fœtum ali non posse, quia amneam

amneam membranam sibi appositam habet, natura enim idonea quæ per foramina facultatem, viamque ad id quod convenit, aptam præbeat.

Quelque peine qu'on ait à croire cette verité qui paroît d'abord comme un paradoxe, on n'en devroit pourtant plus douter aprés des authoritez si preſſantes, & puiſées dans les deux ſources de la Medecine, ſi ce n'eſt qu'on veüille paſſer pour temeraire, comme l'aſſure Augerius Ferrerius, qui dit, *doctorum virorum authoritatem infirmare, temerarium;* mais comme je ne défens icy aucune opinion, je dis ſeulement qu'on n'a pas raiſon de ſoûtenir à preſent que cette découverte eſt nouvelle, & que c'eſt un grand aveuglement que de s'en vouloir attribuer la gloire : on devoit prevoir qu'une verité ſi authentique, & décrite dans les ouvrages de nos premiers Maîtres avec les

E

rayons du Soleil, frapperoit enfin
les yeux des curieux, & qu'un
vol de cette consequence seroit
infailliblement connu à la poste-
rité dont l'Auteur deviendroit un
jour la proye, *prædo nunc fit præda.*

CHAPITRE V.

L'enfant se nourrit de lait, même dans le ventre de sa mere.

CEtte verité ne paroît pas
moins difficile à croire que
la precedente, & je ne doute pas
qu'on ne m'oppose pour la dé-
truire l'authorité d'Aristote, qui
dit que la bouche (qui est la
voye par laquelle l'enfant peut
recevoir le lait qui luy sert de
nourriture) n'étant pas encore

formée par la nature dans les premiers mois d'une grosseſſe, ne luy peut eſtre d'aucun uſage, mais avec tout le reſpeƈt que je dois à cet Ancien, on me permettra bien d'avancer qu'Hippocrate avoit ſans contredit plus de lumieres, les yeux plus penetrans, & plus d'habileté dans la diſſeƈtion des animaux que ce grand Philoſophe ; ce que je n'avancerois pas ſi je n'avois Galien pour garant, qui dit de luy dans le 7ᵉ Livre des adminiſtrations Anatomiques.

Il ne faut pas s'étonner qu'il ait erré dans la diſſeƈtion des animaux, aprés avoir manqué pluſieurs fois ailleurs.

Ac miri nihil eſt, ſi præter alia multa, etiam in anatomis erraverit.

Ce qui nous doit porter à croire avec plus de certitude & de fermeté ce que ce fameux Medecin de Cos en dit dans le Livre de la nature de l'enfant ; ſi ce

E ij

n'eſt que pour concilier Ariſtote avec celuy-cy qui dit dans pluſieurs endroits de ſes écrits, que l'enfant ſe nourrit & par les vaiſſeaux ombilicaux, & par la bouche, on ne ſuppoſe que la nutrition par la bouche ſuccede à celle qui ſe faiſoit auparavant par la veine ombilicale, qui s'abolit inſenſiblement lors que tous les organes du fœtus ſont achevez, lequel commence à ſe remuër vers le quatriéme mois, & auquel temps il a beſoin d'une plus grande nourriture. D'ailleurs c'eſt une choſe conſtante que nos Modernes ayant pouſſé autant loin qu'ils ont pû les connoiſſances qu'ils ont receuës de nos Anciens, ont enfin appris par un grand nombre d'experiences qu'ils ont faites, que le ventricule de l'enfant dans le ventre de ſa mere renferme une matiere aqueuſe, mais un peu trouble, & qui a beaucoup de rapport avec le lait qu'on tire aux femmes vers le quatriéme mois de leur grossesse, & qu'on trouve dans les intestins superieurs (comme le *duodenum*, & les autres intestins gresles) du chile formé de cette même matiere aprés estre cuite ; c'est le sentiment d'Harvé dans son Livre de la generation des animaux, & Monsieur Bartholin dans celuy qu'il a fait du canal Thorachique , soûtient qu'il y a dans la membrane appellée *Chorion*, une liqueur jaunâtre qui ressemble beaucoup à de l'urine, mais que cette liqueur est bien plus blanche dans celle qu'on nomme *amnios*, dans laquelle les petits chiens nagent la gueule entre-ouverte, & la langue un peu avancée au dehors, & que dans le ventricule de ces petits animaux on remarque une humeur toute semblable à celle qui est contenuë dans l'*am-*

nios : Olaüs Rudbek Profeſſeur
en Anatomie dans Upſale en Sue-
de, eſt de ce ſentiment, & nous
aſſure que la gueule & le ventricule de ces petits chiens renfermez dans le ventre de leur mere,
ſont remplis d'une matiere muci-
lagineuſe, pareille à celle qui ſe
trouve dans la membrane *amnios.*
Comme mon deſſein n'eſt pas ici
de prouver que l'enfant ſe nour-
riſſe de lait dans le ventre de ſa
mere, mais de faire connoître ſeulement que cette découverte n'eſt
pas nouvelle, & qu'Hippocrate
ne l'a pas ignorée, je me conten-
teray de rapporter ce qu'il en dit
dans le Livre que j'ay cité auparavant.

Quand l'enfant (dit-il) commence à remuër, la mere pour
lors aſſurément s'apperçoit que le
lait ſe forme, car les mammelles
groſſiſſent, leurs bouts s'alongent
& ſe gonflent, mais neanmoins le

lait n'en sort pas encore. Les femmes qui sont d'une habitude, c'est à dire d'une chair solide & serrée, s'apperçoivent plus tard de la generation du lait ; aussi ne coule-t-il pas si-tost de leurs mammelles, au lieu que celles qui sont d'une chair rare & molle experimentent tout le contraire : or le lait se forme pour une necessité de cette nature; quand l'uterus est enflé & tendu par l'enfant qu'il renferme, il comprime le ventre de la femme, & si cette compression arrive lors qu'il est plein, ce qu'il y a de plus gras dans les alimens & dans les boissons s'épanche au dehors, & passe à l'*Epiploon* & aux chairs; comme si quelqu'un frotte un cuir de beaucoup d'huile, & qu'aprés l'avoir laissé imbiber il vienne à l'exprimer, l'huile en sort de toutes parts; de même lors que le ventre a reçû beaucoup de matiere grasse des boissons & des ali-

E iiij

mens, & qu'il vient à estre pressé par l'uterus, cette matiere grasse passe à l'*Epiploon* & aux chairs, & la femme qui est d'une chair lâche & molle s'apperçoit plûtost de son écoulement que celle qui est d'une autre habitude ; & comme les bêtes qui portent dans le ventre sans estre d'ailleurs indis-posées, deviennent pour cette raison plus grasses par le secours de cette boisson & de cet aliment, la femme pareillement la devient aussi ; mais cette matiere grasse étant échauffée & devenuë blan-che, ce que la chaleur naturelle de l'uterus en a rendu de plus doux monte par expression aux mammelles, même une petite partie coule par les mêmes vei-nes à la matrice, car de petites veines de cette espece, & d'au-tres qui ont assez de rapport avec elles, se glissent aux mammelles aussi-bien qu'à l'uterus, & lors

que cette matiere eſt portée dans
l'uterus elle ſe forme en lait, l'enfant en prend un peu pour ſa
nourriture, & les mammelles ayant
reçû ce lait, ſe rempliſſent & deviennent plus groſſes.

*Cum autem movetur fœtus tunc
ſanè lac indicationem de ſe matri
præbet, mammæ enim attolluntur,
& papillæ gliſcunt ac turgent, lac
vero non tamen prodit; & in mulieribus denſam carnem habentibus lac
poſterius ſignificationem de ſe præbet,
ac prodit, in raram vero carnem habentibus prius; lac autem ob ejuſmodi neceſſitatem fit, quum uteri tu-
midi præ puero ſunt, ventrem mulieris comprimunt, ejus autem pleni,
ubi compreſſio contigerit, pinguiſſi-
mum de cibis ac potibus foras proſi-
lit in omentum, ac carnem; quemadmodum ſi quis corium illinat multo oleo, & imbibere permittat, &
ubi imbibit, corium ipſum premat,
oleum utique exilierit foras ex corio*

compresso ; sic etiam si venter pingui-
tudinem in se habeat à cibis ac poti-
bus, comprimaturque ab uteris, pin-
guitudo prosilit in omentum & car-
nem ; & si rara carnis mulier fuerit
citius hanc exudationem percipit, si
non, posterius ; quin & pecora præ-
gnantia si non ægrotent ab eodem
potu & cibo pinguiora propterea fiunt,
similiter autem & mulier ; pingui
namque incalescente & candido effe-
Cto, quod uteri calore edulcatum est
in mammas expressum tendit, & in
uteros quoque exigua portio per eas-
dem venas defertur ; ad mammas
enim, & uteros ejusmodi venulæ, &
consimiles aliæ feruntur, cumque ad
uterum pervenerit lactis formam ha-
bet, eoque exiguo puer fruitur ; mam-
mæ vero suscepto lacte, impletæ attol-
luntur.

Veinés
lactées.

Par ces veines qui portent cette matiere blanche aux mammelles & à la matrice, on peut bien
juger qu'Hippocrate entend par-

ler icy de ces veines qu'Asellius appelle lactées , & dont il se dit le premier Inventeur ; car si cette matiere blanche estoit portée par ces veines qui sont remplies de sang , elle rougiroit sans doute par le mélange de cette liqueur , & pour lors il n'eût pas distingué ces veines d'avec les autres ; c'est donc une marque qu'Hippocrate a bien connu que le chile estoit porté aux mammelles & à la matrice par des vaisseaux particuliers , à cause de la matiere qu'ils renferment , & qui ne sont cependant ny les veines ny les arteres : Erasistrate & ses Sectateurs les ont aussi assurément apperçûës , sur le rapport même de Galien, qui dit sur la fin du 7e Livre des administrations Anatomiques, qu'aussi-tost que le mesentere est découvert, il y paroît des arteres blanches comme l'air , & peu de tems aprés remplies de lait.

Initio igitur aiunt, simul ac mesen-
terium denudatum fuerit arterias ae-
rem imitantes apparere, posteà lacte
repletas conspici.

Asellius devoit ce me semble
faire plus de justice à nos Anciens,
& pour avoir porté le premier a-
prés eux le flambeau de l'experience dans tous ces détours si peu
connus de son temps, il ne devoit pas les accuser de peu d'experience, puis qu'il n'a suivi que
le chemin qu'ils luy ont tracé, si
on en excepte la maniere qu'il
nous a donnée plus claire, & plus
facile de démêler ces vaisseaux
blancs d'avec tous les autres dont
le mesentere est composé.

CHAPITRE VI.

Le lait se fait immediatement du Chile.

DU Laurens qui n'a jamais connu la circulation, non-plus que beaucoup d'autres qui l'ont précedé , a crû que le sang menstruel étoit la cause materiel-le du lait ; qu'une portion de ce sang remontoit des parties basses aux mammelles par la veine Epi-gastrique & par la mammaire a-vec laquelle elle anastomose , pour y estre transformé en une substance blanche comme le lait par les glandes dont elles sont toutes remplies ; mais la dissection frequente qu'il faisoit des ani-maux luy ayant fait reconnoître que la communication de ces deux veines étoit fort rare , &

que la mammaire alloit plûtoft à
la partie interieure de la poitrine,
qu'aux mammelles, l'a fait changer de fentiment, & conclure enfin que le fang y étoit porté par
des rameaux de la veine Thorachique : mais cette erreur eft une
fuite du defaut de connoiffance
de la circulation qui luy auroit
appris que les veines ne portent
rien au dehors, mais qu'elles rap-
portent bien des extremitez au
dedans ; les experiences qu'on
fait tous les jours dans les écoles
nous en convainquent affez, fans
qu'il foit neceffaire là-deffus de
s'étendre davantage. Pour donc
ne plus douter de cette verité,
il ne faut que faire reflexion qu'il
y a bien des femmes qui ont beaucoup d'ordinaires, & pas une
goute de lait ; & des animaux au
contraire, qui ont beaucoup de
lait fans avoir d'ordinaires : donc
le lait tire fa fource d'ailleurs ; on

sçait même que les unes & les autres étant tariës une fois, & ne prenant point de nourriture tout un jour, n'ont point ou peu de lait, quoique leurs veines soient toutes pleines de sang ; mais qu'aussi-tost qu'ils ont pris des alimens, & que la premiere coction en est faite dans l'estomach, qui s'acheve en trois ou quatre heures, le chile est porté avec vitesse aux mammelles, où il devient lait, le lait n'étant qu'un chile qu'elles purifient, ce qu'on ne peut pas dire du sang, le chile demandant plus de temps pour se convertir en sang par une seconde coction ; & nous voyons par experience que le lait retient l'odeur, la saveur, & les autres qualitez des alimens dont les animaux se nourrissent, ce que ne fait pas le sang, & ce qu'il devroit pourtant faire étant moins élaboré que le lait, qui souffre,

selon l'opinion commune, une
nouvelle coction dans les mammelles : d'ailleurs si le lait se for-
moit du sang , il s'ensuivroit qu'u-
ne femme qui peut perdre par
jour quatre ou cinq livres de lait
devroit faire une égale perte de
sang , ce qu'elle ne pourroit souffrir sans devenir hetique , & ce
que nous ne voyons jamais arri-
ver ; ajoûtez à cela l'authorité
d'Hippocrate , qui dit au 40. A-
phorisme de la 5. section , que
lors que le sang est porté aux
mammelles , c'est signe de fureur,
parce que s'y échauffant , il envoye des vapeurs acres & chau-
des à la tête , cause quelque-fois
des inflammations , & de differentes tumeurs , selon la qualité de l'humeur qui y prédomine.

*Quibus mulieribus sanguis in
mammas colligitur furorem signi-
ficat.*

Galien & Dioscoride ont remarqué

marqué que les animaux qui paiſ-
ſent la ſcammonée, l'ellebore &
la mercuriale ont du lait qui eſt
purgatif ; & ſouvent on a obſervé
que les femmes qui mangent du
ſaffran ont du lait plus jaune qu'à
l'ordinaire, le chile étant porté
aux mammelles par pluſieurs petites veines blanches qui ſe déta-
chent du canal Thorachique. Je
ne dis rien de Valeſcus de Taren-
te qui aſſure qu'on a veu un homme qui avoit tant de lait aux
mammelles qu'il en nourriſſoit
ſon enfant aprés la mort de ſa
femme ; mais je m'attache fortement au ſentiment d'Hippocrate
qui a connu de ſon temps cette
verité qu'on a tâché de faire paſſer pour nouvelle dans la Republique des Lettres ; voicy ce qu'il
en dit au premier livre des maladies des femmes.

J'ay déja dit dans le Traité de
la nature de l'enfant qui vient au

F

monde, comment le lait est formé;
aussi-tost que la femme devient
grosse, ses mois sont pour l'ordinaire supprimés, excepté à quelques unes qui en ont tres-peu dans
ce temps-là; or cette liqueur qui
nous paroist si douce étant engen-
drée des boissons, & des alimens
que nous prenons, court aux mammelles pour y estre suçée par les
enfans, & pour lors c'est une necessité que le reste du corps se
vuide davantage, & qu'il y ait
moins de sang, & c'est ainsi que
la chose se fait : Il y a pourtant
certaines femmes qui naturelle-
ment n'ont point de lait, & d'autres qui tarissent avant le temps,
cela vient de ce que les chairs de
celles-cy sont solides & épaisses,
ce qui fait que quoyqu'il y ait assez de liqueur, elle ne peut pourtant passer du ventricule aux
mammelles, parce que le passage
est trop étroit.

At vero lac quomodo fiat dictum est à me in naturâ pueri in partu, postquam autem prægnans fuerit mulier, menses non valdè prodeunt, præterquam quibusdam, pauci ; dulcissimus enim humor ex cibis ac potibus ad mammas vertitur, ac exsugitur, & necesse est etiam reliquum corpus magis evacuari, & minus sanguine plenum fieri ; atque hoc ita contingit ; sunt autem quæ naturâ sine lacte sunt, & quibus lac deficit, ante tempus : hæ vero naturâ solidæ sunt ac densæ carnis, & proptereà sufficiens humor non penetrat à ventre in mammas quum via sit densâ.

Ce passage établit parfaitement bien le lait fait immediatement du chile, & satisfait pleinement à la plus forte objection que font les partisans de l'opinion commune, qui veut que le lait se fasse du sang qui remonte des parties basses aux mammelles, d'où vient (disent-ils) que les femmes qui

ont du lait n'ont point d'ordinaires, parce qu'ils ceſſent de cou-
ler lors que les mammelles ſont
pleines, mais ſans doute ils aban-
donneront cette opinion quand ils
auront fait reflexion à ce que dit
Hippocrate dans ce paſſage.

Lors que le chile eſt formé il
court aux mammelles pour y être
ſuçé par les enfans, & pour lors
c'eſt une neceſſité que le reſte du
corps ſe vuide davantage, & qu'il
y ait moins de ſang : La raiſon
eſt qu'une partie du chile coulant
aux mammelles pour ſe changer
en lait, tout le chile n'eſt pas
converti en ſang, & le peu qui
reſte, la nature le retient pour la
neceſſité de la vie, & de la nourriture de tout le corps; & quand
il arrive que la femme fait autant
de ſang que de coûtume, cette
même nature en jette tous les
mois une partie dehors par les ordinaires, comme nous voyons

certaines femmes qui ont en même temps & du lait & des ordinaires.

CHAPITRE VII.

De la generation de l'Homme
par les œufs.

LEs Sçavans ont reçeu cette
découverte bien differem-
ment ; quelques uns d'abord l'ont
traitée de fable , & malgré toutes les experiences qu'a faites Kerkrin fur ces œufs qu'il affure eftre
la caufe & l'origine de la generation de l'homme ; ils n'ont pû ima-
giner qu'un œuf pût eftre fuçé ,
ou attiré , ou tranfporté par les
trompes de Fallope dans l'uterus ,
où l'on dit qu'il eft rendu fecond
par l'efprit de la femence de l'homme ; le paffage & la voye de ces

trompes n'étant pas plus large que l'ouverture d'une aiguille à coudre : ils ajoûtent à cela que ces œufs qu'ils traitent d'imaginaires, dont il y en a de la grosseur des pois, & d'autres plus gros, étoient d'une substance glanduleuse entrelacés de veines & d'arteres, & renfermez dans de si fortes membranes qu'il est impossible d'en détacher un de l'ovaire, ou testicule des femmes avec les ongles quelque violence qu'on y apporte, sans déchirer le nid où il est attaché ; enfin voulant mettre leur sentiment hors de toute atteinte, ils assurent qu'il y a de petites parties d'une semblable figure dans les intestins des bêtes, enveloppées de membranes assez fortes, & même dans les excremens des hommes & des animaux, dont la rondeur ne paroist pas quand elles sont sorties, à cause de la trop grande chaleur qui les

creve, ou de la compreſſion qu'elles ſouffrent quand elles ſont pouſ-
ſées au dehors ; & de tout cela ils
concluent que les reſtes de la ſemence virile dans l'uterus, ou des
bêtes dans les trompes de Fallope, ſe peuvent quelquefois coa-
guler, & prendre la figure de petits globes : d'autres en jugent
tout autrement , car Harvé n'a
pas heſité de dire que tout ce qui
prenoit naiſſance dans le monde
l'acqueroit par le moyen des œufs,
omnia ex ovo, & Kerkrin qui s'eſt
encore expliqué fort clairement
dans un petit traité qu'il a fait ſur
cette matiere , eſt ſi penetré de
cette verité par ſes propres experiences qu'il nous donne repre-
ſentées par des figures de pluſieurs conceptions differentes , &
des œufs de differentes groſſeurs
qu'il dit avoir trouvez dans l'uterus , & dans l'ovaire des femmes,
des animaux , & des filles même

qui en ont comme les poules, quoy qu'elles n'ayent point de coq ; il eſt dis-je ſi penetré de cette verité, qu'il ne fait point de difficulté de croire que l'homme naît aſſurément d'un œuf comme le reſte des animaux : J'y renvoye le lecteur pour apprendre ſes raiſons avec d'autres curioſitez, m'attachant ſeulement à dire que cette opinion n'eſt pas nouvelle, comme on en peut juger par le ſentiment d'Hippocrate, qui dit ſur cette matiere dans le Livre de la nature de l'enfant.

Or je rapporteray maintenant la raiſon que j'ay promis un peu auparavant d'expliquer, & autant que les lumieres naturelles me le peuvent permettre, je la rendray ſenſible à tous ceux qui ſont bien aiſes d'étre éclaircis ſur ces choſes, ſçavoir ; que la premiere matiere dont ſe fait la conception de l'enfant eſt enfermée dans une petite peau,

peau, & que l'ombilic eſt envi-
ron au milieu de cette petite
membrane, & c'eſt en verité premierement par luy qu'elle ſe ra-
fraîchit, & à qui toutes les autres
petites membranes ſont attachées;
la nature de l'enfant n'eſt point
autre que je la dis (c'eſt-à-dire
les premiers commencemens de
nôtre conception) & ſi quelqu'un
ſe veut ſervir des preuves, & des
experiences que je vais luy fournir, il reconnoîtra juſqu'à la fin
que toute la conception de l'enfant ne ſe fait point d'une autre
maniere que je le viens d'expliquer ; car ſi quelqu'un veut faire
couver vingt œufs, ou davantage
à une ou pluſieurs poules qui ont
eu communication avec un coq,
& que tous les jours en commen-
çant dés le ſecond juſqu'au dernier jour que le poulet doit éclo-
re, il en ſouſtrait un, le caſſe, &
l'examine, il trouvera toutes cho,

G

les conformes à ce que je viens d'avancer, & en quoy la conception des animaux qui naissent par les œufs, a du rapport & de la ressemblance avec la conception de l'homme, car toutes ses petites membranes sont attachées à leur ombilic, & tout ce que nous avons dit de la conception de l'enfant se rencontre de même dans les œufs des oiseaux depuis le commencement jusqu'à la fin; que si quelqu'un par hazard ne l'a pas encore remarqué, il s'étonnera de voir un ombilic dans l'œuf d'un oiseau, & c'est de cette maniere que les choses se passent, & que je les ay décrites.

Nunc autem referam rationem quam paulo ante me demonstraturum dixi, quantum humanæ menti possibile est, manifestam illam omni qui de hoc cognosse velit; quod genitura in pelliculâ est, & quod juxta medium ipsius, umbilicus est, & per ill tum sanè primò spiritum in se ipsam trahit, & foras emittit, & quod ex umbilico pelliculæ tensæ sunt; sed & reliquam pueri naturam, quam dixi, sic totam habere usque in finem reperiet, quo modo videlicet à me in his sermonibus declaratum est, si quis testimoniis & ocularibus inspectionibus à me producendis uti velit.

Etenim si quis ova viginti, aut plura, quo pulli ex ipsis excudantur gallinis duabus, aut pluribus subjicere velit, & singulis diebus à secundâ exordiendo usque ad ultimam, quâ excuditur pullus ex ovo, substrahere, confringere, & videre, inveniet omnia se habere juxta meum sermonem, quomodo volucris naturam ad humanam conferre oporteat; quod enim pelliculæ ex umbilico tensæ sunt; & reliqua quæ de puero dicta sunt, sic se habere in ovo volucris reperiet ab initio in finem; atqui si quis nondum vidit mirabitur in ovo volucris umbilicum inesse, atque

hæc sic habent , & sic à me relata
sunt.

Ce Prince de la Medecine ne
croyant pas par ce qu'il vient
de dire avoir suffisamment établi
cette verité, pour que personne
n'en doutât plus, il tâche à nous
en convaincre par la description
qu'il nous donne de la naissance
des oiseaux dans le même Livre,
en ces termes :

L'oiseau s'engendre du jaune de
l'œuf de cette maniere : Lors que
la poule couve l'œuf elle l'échauffe , & ce qui se rencontre dans
l'œuf de plus actif se met en mouvement par la chaleur de la mere,
& en s'échauffant prend vie , &
attire l'air au travers de la coquille, car elle est d'une substance si
rare, & si peu condensée , que le
poulet peut aisément attirer au
travers de cette coquille autant
d'air qu'il en a besoin ; il y augmente peu à peu , & ses parties s'y

forment, & s'y articulent de la même maniere que celles de l'enfant
comme je l'ay déja montré auparavant; le poulet donc naît du jaune de l'œuf, se nourrit, & prend
son accroissement du blanc, &
cela devient fort palpable à tous
ceux qui se donnent la peine de
s'y appliquer; mais lors que le poulet ne trouve plus dans sa coquille un aliment suffisant pour entretenir sa vie, il s'y remuë fortement
pour chercher ailleurs un aliment
plus copieux, il rompt pour lors
les membranes qui l'environnent,
& la mere s'appercevant de la
violence de ce mouvement, casse de son bec la coquille, & le
fait sortir, ce qui arrive au bout
de vingt jours, & l'on connoist
aisément que la chose se passe ainsi; car lors que le poulet est sorti
de sa coquille, il n'y a plus pour
ainsi dire d'humidité dans cette
coquille, le tout étant presque

converti en la substance du poulet; de même aussi l'enfant étant déja devenu grand, la mere n'ayant plus dequoy luy fournir un aliment capable d'entretenir sa vie, il est obligé d'en chercher davantage ailleurs, & pour lors frappant des pieds il rompt ses membranes, se délivre de ses liens, & paroît enfin au jour: tout cela arrive au plus tard dans le dixiéme mois.

Volucris ex ovi luteo nascitur hoc modo; incubante matre ovum calescit, & quod in ovo inest spiritum habet, & alterum frigidum ab aere per ovum attrahit, ovum adeo est rarum ut spiritum, qui attrahitur, sufficientem ei quod intus est, transmittat; & augescit volucris in ovo, & coarticulatur modo eodem ac consimili velut puer, quemadmodum jam antea à me relatum est; nascitur autem ex luteo ovi volucris; alimentum vero, & augmentum habet ex albo quod in ovo est, atque hoc jam omnibus manifestum factum est qui animum adverterunt; ubi autem deficit alimentum pullo ex ovo, non habens id sufficiens unde vivat, fortiter movetur in ovo uberius alimentum quærens, & pelliculæ circumdirumpantur, & ubi mater sentit pullum vehementer motum, putamen excalpens ipsum excludit, atque hæc fieri solent in viginti diebus; & manifestum est quod ita se habent: ubi enim excusa est volucris nullus humor in ovi testis inest, qui sanè memorabilis existat, expensus est enim in pullum; sic etiam ubi auctus fuerit puer, mater non amplius sufficiens alimentum ipsi, exhibere potest, uberius itaque præsentè alimentum puer quærens, calcitrando pelliculas dirumpit, & à vinculo exolutus simul foras prodit; atque hæc ut longissimè in decem mensibus fiunt.

Il paroît dans tout ce livre que ce grand homme a pris plaisir à

nous tracer les premiers commencemens de nôtre conception,
& afin que personne n'en pût
douter, il confirme ce qu'il dit
par l'exemple d'une musicienne
de son temps qui laissa tomber de
sa matrice une conception de six
jours, qu'il décrit fort exactement,
& qu'il compare à un de ces œufs,
qu'on trouve dans les poules lors
qu'ils ne sont pas encore revêtus
de coquille ; en effet pour peu
qu'on ait remarqué dans les faus-
ses couches ce que les femmes
jettent dehors l'uterus aux premiers jours d'une conception (&
qu'on appelle faux germe) on
voit que ce n'est autre chose qu'u-
ne petite bulle, ou bouteille, ou
vesicule de la figure de ces œufs
sans coquille, qui est remplie d'u-
ne matiere aqueuse, & dans laquelle toute la machine de l'homme se forme & s'accomplit pen-
dant l'espace de neuf mois, com-

me on le connoîtra par la conception de cette musicienne qu'Hippocrate rapporte en ces termes
dans le même Livre.

CHAPITRE VIII.

Confirmation de cette opinion.

IL y avoit (dit-il) chez une
Dame de nos amies une dome-
stique qui se méloit de chanter,
& quoy qu'on sçût qu'elle eût
un grand commerce avec les hommes, il luy étoit pourtant dangereux, pour ne pas perdre entierement sa reputation, de devenir
grosse ; or cette musicienne avoit
oüi dire, comme il arrive souvent
à des femmes de parler entre-elles
de galanterie & de grossesse, que
pour qu'une femme devienne
grosse, il ne faut pas que la pre-

miere matiere de noftre conception s'écoule au dehors, mais
qu'elle foit retenuë dans le lieu de-
ftiné pour la generation : celle-cy
donc ayant bien entendu & com-
pris ce qu'elles difoient, ne manqua pas de le bien obferver, &
lors qu'elle eut reconnu qu'une
fois dans l'action il ne s'étoit rien
écoulé au dehors, elle ne manqua
pas d'en faire confidence à fa
maîtreffe, qui m'en inftruifit auffi-
toft. Je n'eus pas plûtoft appris
cette nouvelle que je la fis fau-
ter jufqu'à fept fois, aprés quoy
la premiere matiere de nôtre conception s'échappa de fa matrice,
qui fit en tombant un peu de
bruit, & d'abord que cette chan-
teufe l'eût apperceuë, elle en fut
furprife ; je vais vous dire comme
elle étoit : Elle me parut formée
de même qu'une liqueur tranfpa-
rente enfermée dans la pellicule
interieure d'un œuf crud, aprés

que quelqu'un adroitement en a
ôté la coquille qui le couvre de
toutes parts, voila comme elle é-
toit faite ; mais pour m'étendre
davantage je diray que la liqueur
paroiſſoit rouge & d'une figure
ronde ; on remarquoit même au
dedans de cette pellicule de certaines fibres blanches, groſſes,
couvertes & teintes d'un ſang é-
pais, & aſſez rouge, & au dehors
de petites taches noirâtres comme dans les meurtriſſures ; proche
le milieu il paroiſſoit quelque
vaiſſeau mince & délié que j'ay
toûjours pris pour l'ombilic, &
en verité il m'a paru que c'étoit
premierement par luy qu'elle at-
tiroit & repouſſoit l'air , même
cette pellicule qui comprend &
enveloppe cette premiere matiere de noſtre conception étoit entierement attachée à luy : Voila
aſſurément comme j'ay veu une
conception formée de ſix jours.

Mulieris nobis familiaris famula cantrix magnæ existimationis ex virorum consuetudine erat, quam in ventre concipere non conveniebat, ut ne minoris existimationis redderetur; audierat autem cantrix ipsa qualia inter se mulieres dicunt, quod quando mulier conceptura est in ventre, genitura non egreditur, sed intus manet; auditis autem his, atque intellectis, hoc semper observavit, & quum quandoque sentiret genituram non exeuntem, dominæ exposuit, & sermo ad me statim pervenit; ego vero quum audissem, jussi ipsam ad terram saltare, & postquam jam septies exiliisset, genitura in terram profluxit, & strepitus factus est, atque illâ conspectâ ipsa admirata est, qualis autem erat ego referam: velut si quis ovo crudo externam testam circum circa adimat, in internâ vero pelliculâ inclusus liquor perlucescat, modus quidem talis erat; & ut abundè dicam ruber erat liquor &

rotundus, in pelliculâ vero fibræ quæ-
dam albæ ac crassæ inesse videbantur,
cum cruore crasso & rubro obvolutæ,
circum autem pelliculam foris cruen-
ta vestigia instar sugillatórum , juxta
medium vero tenue quid eminebat,
quod mihi umbilicus esse videbatur,
& per illum sanè spirationem extrà,
& intrò primum facere apparebat,
quin & pellicula genituram ambiens
ac complectens , tota ex illo tende-
batur : talem sanè ego genituram sex
dierum existentem vidi.

Quoy qu'il semble que rien
n'ait échappé aux lumieres de ce
vaste genie, je me sens pourtant
obligé de faire icy une remarque
pour faire connoître en quoy il
s'est trompé lors qu'il assure dans
la description qu'il fait des principes de nôtre origine, que le
poulet naît du jaune de l'œuf,
qu'il se nourrit & prend son accroissement du blanc. Aristote, &
les experiences sont formellement

contraires à son sentiment ; ce Prince des Philosophes nous dit positivement dans le 2ᵉ chap. du 3ᵉ Livre de la generation des animaux, que le poulet se nourrit du jaune qui se fond en lait, que plusieurs cependant ont crû que c'étoit du blanc, à cause de la ressemblance qu'il a avec le lait. *Non enim albumen ovi, lac est, sed vitellum, hoc enim pullis pro cibo est, multi pro cibo albumen existimant propter coloris affinitatem :* & l'experience nous apprend que les œufs produits sans coq n'engendrent point de poulet, d'où il faut tirer cette consequence que le poulet naist du germe de l'œuf, qu'il se nourrit du jaune, & que le blanc sert de matiere aux membranes qui l'enveloppent ; nos modernes qui n'oublient rien pour satisfaire leur curiosité ont souvent remarqué que lors qu'on ouvre un œuf quatre jours aprés avoir esté couvé, on découvre dans le germe un petit point, qui est le cœur, que plusieurs appellent, *punctum saliens*, avec deux petits lineamens de vaisseaux qui font la veine & l'artere ; sept ou huit jours aprés si on en casse un autre, le cœur est bien plus apparent par le petit mouvement qu'on y observe, & comme ce viscere est le premier vivant au rapport de ce même Philosophe, on doit tenir cette consequence pour certaine que le poulet naist du germe, & non pas du jaune de l'œuf.

CHAPITRE IX.

Des cornes, ou trompes de la matrice.

Omme l'envie de sçavoir est naturelle à tous les hommes, & qu'entre-eux il s'en trouve de plus vigilans & de plus curieux qui n'épargnent ny leurs peines, ny la dépense pour venir à bout de leur dessein, cela fait qu'on découvre tous les jours quelque chose de nouveau dans les ouvrages de la nature, ou pour mieux dire qu'on apprend mieux la maniere d'expliquer avec plus de netteté ce que nos premiers maîtres ont connu bien auparavant nous : C'est ainsi que Fallope par le grand nombre des dissections qu'il a faites a crû avoir découvert

le premier

le premier certains vaisseaux qui s'inserent dans le fonds de l'uterus, & qui ont communication avec l'ovaire des femmes ; or ces vaisseaux sont appellez cornes de la matrice, parce qu'effectivement ils ont beaucoup de rapport avec une trompe comme on le peut voir dans les figures que Monsieur Denis en a fait tracer dans ses conferences, au chapitre des œufs qui se trouvent dans les testicules des femmes ; & c'est par cette ressemblance qu'on les a appellées *tubæ Fallopianæ*, parce que Fallope s'en est attribué la gloire de l'invention : mais il est juste de rendre à un chacun ce qui luy appartient, & de ne plus souffrir davantage que ce sçavant homme se flate d'un honneur qui est dû legitimement à Galien. Voicy comme il s'explique sur ces cornes dans le 7e chapitre du premier livre qu'il a fait de la semence.

H

C'eſt pourquoy aprés que la ſemence de l'homme s'eſt écoulée juſqu'au fond de l'uterus, & qu'il étoit impoſſible que toute cette partie en pût eſtre enduite à cauſe des productions qu'elle a de part & d'autre qui reſſemblent à des cornes, certes la nature a eu ſoin auſſi de les adoucir, & de les oindre d'une autre ſemence qui eſt celle de la femme, comme nous l'avons fait voir ailleurs; nous en parlerons incontinent aprés, afin de ne pas rompre le fil de nôtre diſcours, dautant qu'un vaiſſeau ſpermatique qui vient des teſticules de la femme s'inſere dans les cornes qu'on remarque de chaque côté de la matrice.

Quand donc la femme vient à jetter ſa ſemence au même moment que l'homme, cette ſemence jettée dans le milieu de la capacité de l'uterus enduit auſſi les paſſages, rencontre celle de l'homme

dont il se fait un mélange, & elles se retiennent reciproquement
par le moyen des membranes que
la semence de la femme a produi-
tes en chemin , tant pour rendre
(en enveloppant de toutes parts
la premiere matiere de nôtre conception) cette utilité au fœtus ,
que pour servir en quelque façon
d'aliment à la semence de l'homme.

*Postquam itaque semen ad fun-
dum uteri allapsum est , & impossibi-
le erat ipsum totum oblinire , ut potè
qui exortus utrinque velut cornua
quædam habeat ; natura sanè etiam
hæc alio semine, ipsius fœminæ videlicet , illevit ; quemadmodum alibi à
nobis demonstratum est : refertur autem & nunc paulo post , ne sermonis
continuitatem dissecemus ; in hæc e-
nim cornua singula ab utraque parte
existentia vas seminale se ingerit ex
fœminæ testibus profectum ; quando
igitur sub idem tempus fœmina simul*

cum mare semen emiserit, semen per utrumque cornu ejectum, & in medium uteri spatium delatum, simul quidem oblinit vias, simul pervenit ad masculi semen, ipsumque huic miscetur, & per pelliculas mutuo invectuntur, quas tunc in propriâ profectione ipsum mulieris semen produxit, ut totam genituram amplectens, hanc fœtui utilitatem exhiberet, & ut veluti alimentum quoddam masculo semini fieret.

Kerkrin prétend que cette semence est portée dans l'action de la generation de l'homme jusqu'à l'ovaire, où elle rend les œufs feconds qui descendent aprés dans l'uterus par les vaisseaux deferans : mais il y a bien plus d'apparence que ces œufs y descendent par ces trompes qui sont enduites d'une humeur blanchâtre qui leur fraye le chemin, & où ils reçoivent la fecondité par l'activité des esprits de la semence

de l'homme qui les penetrent,
comme l'humidité de la terre s'in-
sinuant dans les graines par leurs
petits pores, les rend fecondes.

CHAPITRE X.

Des vaisseaux salivaires, &
des glandes des intestins.

TOut le monde sçait assez que
la salive donne le premier
commencement de dissolution à
tous les alimens que nous prenons,
aprés avoir esté grossierement bri-
sez par les dents, & qu'étant jet-
tez dans l'estomach par le gros
de la langue, ils y trouvent d'autres dissolvans plus acides qui pe-
nettrans leurs plus petites parties
les changent en une substance li-
quide qu'on appelle chile, d'où
l'on peut connoître que la cha-

leur naturelle du ventricule n'est
pas le seul & principal agent de
la chilification, mais qu'elle donne seulement plus d'activité à ces
eaux fortes : l'exemple d'un mor-
ceau de viande qu'on fait cuire
dans un pot plein d'eau nous en
convainc assez , puis que cette
viande boüillira tout un jour sans
qu'elle se change en chile , quoy
que la chaleur de l'eau boüillante
soit beaucoup plus forte que celle de l'estomach ; & nous voyons
par experience que les poissons en
digerent d'autres , & les reduisent
en chile , quoy qu'on n'y sente
pas la moindre chaleur. Nos modernes connoissant bien que ces
dissolutions se commençoient par
le moyen de la salive , ont travail-
lé à découvrir les conduits qui
la portent dans la bouche. Stenon comme le plus heureux, s'est
vanté de les avoir apperceus le
premier; il nous assure qu'ils pre-

nent leur origine entre les glandes parotides, & qu'ils vont s'inferer entre les deux machoires au
deſſous du muſcle crotaphyte,
d'où cette humeur peu à peu tombe par le mouvement des machoires dans la bouche. Peïerus ne ſe
ſent pas moins glorieux d'avoir
trouvé (à ce qu'il dit) le premier
les glandes des inteſtins ; mais ces
deux Auteurs ſe ſeroient bien é-
pargné des peines s'ils avoient lû
exactement Galien, qui nous décrit parfaitement bien & ces vaiſſeaux & ces glandes , lors qu'il
dit dans le chapitre 6e du 2e Livre de la ſemence : Marinus fait
de deux ſortes de glandes, celles
qui reçoivent des veines & des
arteres , & d'autres propres aux
vaiſſeaux qui s'arrêtent dans le
meſentere ; il en fait de deux eſ-
peces à cauſe du double employ
qu'elles ont, les unes ſont ſeiches
& ſolides qui ſoûtiennent les vaiſ-

seaux qui ont coûtume de se separer, les autres sont humides & d'une substance spongieuse pour recevoir les vaisseaux; il assure que ces dernieres glandes produisent une certaine humidité qui a bien du rapport avec la pituite, & que cette serosité sert à oindre & lubrifier la membrane interieure des intestins, & qu'il ne se trouve presque plus personne qui ignore que les glandes qui produisent la salive n'ayent pas des vaisseaux palpables & sensibles pour la répandre en abondance dans la bouche; de même que les glandes n'arrosent pas tout le gosier pour une pareille utilité, c'est une verité reconnuë également de tous les habiles Anatomistes.

In hoc sanè genus glandularum & *arterias & venas inseri (ait) &* *quasdam vasorum in mesenterio glan-* *dulas, desinere; duplex namque &* *harum glandularum genus esse, quod*

&

& utilitas duplex existat , densas quidem & siccas quæ vasa quæ findi solent, fulciunt, raras vero & humidas in quas vasa inseruntur ; has ipsas etiam humiditatem velut pituitosam generare (ait) quæ ipsa humiditas internam intestinorum tunicam sublinit , & quasi inungit ; quod etiam glandulæ quæ salivam generant sensilibus vasis ipsam in os profundant ferè non amplius quisquam ignorat: sicut neque quod totas fauces glandulæ humectent , ejusdem gratiâ utilitatis , hoc ipsum æqualiter ab omnibus artis resecandi corpora peritis confessum est.

Aprés des passages si formels & si positifs, je ne croy pas qu'on puisse soûtenir encore que les Anciens n'ont pas connu ny les glandes des intestins , ny les vaisseaux salivaires, sans vouloir passer pour insensé ou temeraire au sentiment d'Augerius Ferrerius, qui dit, *quæ sensibus exposita sunt contravenire ſani hominis non eſt;* ce n'eſt pas pourtant que je ne croye bien que toutes les peines que ces grands hommes ſe ſont données pour avoir une parfaite connoiſſance de l'Anatomie, ne leur ayent acquis cette nouvelle découverte ; mais dautant qu'ils n'en n'ont juſqu'icy rien remarqué dans Galien , & qu'ils ſçavent bien neanmoins que d'autres habiles Anatomiſtes les ont précedé , ils devoient, ce me ſemble, en uſer de la même maniere que Monſieur Deſcartes, qui dit dans ſa Methode, qu'il ne ſe vante point d'être le premier inventeur d'aucunes opinions, qu'il donne bien les ſiennes ſans qu'il les ait reçûës, ou pour avoir eſté dites par d'autres, ou pour ne l'avoir pas eſté, mais ſeulement parce que la raiſon les luy a perſuadées.

CHAPITRE XI.

De la glande Pineale.

LA plufpart des Sçavans conviennent que les Anciens ont connu les glandes du cerveau, & fur tout celle qu'on nomme Pineale ; mais comme les modernes luy ont attribué des excellences, & des avantages que les premiers n'ont pas remarqué, j'ay jugé qu'il ne feroit pas hors de propos d'inferer dans ce petit traité ce que les uns & les autres en ont penfé.

Cette glande prend fon nom de fa figure qui reffemble à une pomme de pin, elle eft fituée dans la moïenne region du cerveau immediatement au deffous du plexus Choroide, qui n'eft qu'un afsemblage de veines & d'arteres, avec quantité de petits nerfs qu'on distingue beaucoup mieux lorsqu'il est détaché de dessus cette glande qui bouche un conduit qui va au quatriéme ventricule qu'on appelle *Calamus*, à cause du rapport qu'il a avec une plume à écrire.

Quelques modernes ont estimé que cette petite partie glanduleuse étoit la base du cerveau, le siege & la principale demeure de l'ame : on peut voir là-dessus Monsieur Descartes qui en a parlé fort avantageusement, mais Galien est d'un sentiment tout contraire ; voicy ce qu'il en dit dans le 14ᵉ chapitre du 8ᵉ Livre de l'usage des parties.

Reprenant donc nôtre discours touchant les parties qui sont situées aprés le ventricule moyen, examinons pour quelle raison la nature a fait le corps qui est couché à l'entrée du conduit qui joint ce ventricule avec le petit cerveau, & que les Anatomistes appellent *Conarion*: Ce corps est d'une substance glanduleuse, d'une figure semblable à une pomme de pin (dite en Grec κῶνος) d'où il prend son nom ; quelques-uns croient qu'il a le même usage que le pilore du ventricule ; car comme ils assurent que le pilore ou portier est une glande qui empêche que le chile ne tombe dans l'intestin grefle avant qu'il soit cuit, de même cette glande appellée *Conarion*, est située au commencement du conduit par lequel l'esprit passe du ventricule moyen au postérieur, & qu'elle fait là l'office d'un gardien , & d'un bon œconome qui n'en laisse passer qu'autant qu'il en faut; j'ay fait voir un peu auparavant ce qu'on devoit croire de ce pilore ou portier de l'estomach : quant à cette glande qui est semblable à la pomme de pin, je croy qu'elle a esté formée pour le même usage qu'ont les autres glandes, à sçavoir pour soûtenir & remplir les divisions des veines, car elle remplit la division & l'interstice de la grande veine, de laquelle toutes celles qui composent le tissu qui est aux ventricules anterieurs (& qu'on appelle *plexus Choroide*) prennent leur origine.

Rursus igitur ad partes quæ post medium sunt ventriculum, reversi consideremus, cujus rei causâ corpus id quod ad principium meatus incumbit, qui ventriculum hunc cum cerebro posteriore conjungit, extiterit, quod ab anatomicis κωναριον *appellatur; est autem corpus hoc substantiâ quidem glandulâ, figurâ autem cono perquam simile, unde ei nomen quoque est impositum : utilitatem ei eandem esse existimant aliqui quæ est in piloro ventriculi, nam & hunc confirmant esse glandulam, prohibereque ex ventriculo cibum priusquam is coctus sit in tenue intestinum transumit; ad eundem modum & hanc glandulam qui meatus spiritum ex medio ventriculo in parencephalidis ventriculum transmittit, custodem quemdam esse aiunt, & velut œconomum esse quantum spiritus mitti oporteat; ego vero antè exposui de ventriculi piloro quid sentire oporteat, hanc vero glandulam cono adsimilem, magnaque vena divisionem opplentem (à quâ omnes fere quæ in anterioribus sunt ventriculis, plexus χοροσειδῶς conflantur) in eum usum in quem reliquæ glandulæ venarum divisiones firmantes arbitror fuisse factam.*

Par ce que vient de dire cet homme incomparable, on connoît déja bien qu'il avoit remarqué cette glande dans le cerveau, puis que même de son temps on disputoit de ses usages ; mais on n'en doutera plus quand il se sera expliqué plus au long sur cette

matiere, & qu'il aura fait ob ſer-
ver le peu de connoiſſance qu'en
ont ceux qui luy attribuent les
plus belles, & les plus nobles a-
ctions dont l'homme eſt capable:
voicy donc comme il pourſuit
dans le même Livre mais un peu
plus bas, en ces termes. Ceux qui
croyent que ce Conarion eſt placé
là pour regler le paſſage de l'eſprit ne connoiſſent pas l'uſage &
l'office de cette Epyphiſe ou production, que les Grecs nomment
Scolicoide, c'eſt-à-dire vermifor-
me, parce qu'elle a la figure d'un
ver, & donnent trop de pouvoir
à cette glande; car ſi elle étoit une
partie du cerveau, comme le pilore en eſt une du ventricule, de
la differente ſituation qu'elle pren-
droit par les dilatations & les
compreſſions du cerveau, elle
pourroit alternativement ouvrir &
fermer ce paſſage; mais parce que
cette glande n'eſt nullement une

partie du cerveau, & même qu'elle n'est pas attachée aux parties interieures, mais plûtost aux parties exterieures de ce ventricule, il est difficile de croire qu'elle puisse ouvrir & fermer ce conduit, puis qu'elle n'a de soy aucun mouvement: quelqu'un peut-estre me demandera qu'est-ce qui l'empêche de se mouvoir par elle-même? que s'il étoit vray que rien ne l'empêchât de se mouvoir d'elle-même, cette glande (s'il eût plû aux Dieux) auroit toute l'excellence & la dignité du cerveau, & le cerveau pour lors seroit seulement un corps percé de plusieurs conduits, comme un instrument propre à luy obeïr, & qu'elle pourroit mouvoir comme il luy plairoit: il n'est pas necessaire de faire voir comme cette opinion est impertinente & ridicule; car ceux qui s'imaginent que c'est une necessité qu'il y ait auprés de ce con-

duit une petite partie du cerveau
de cette figure qui regle le passage de l'esprit, auroit bien de la peine à la trouver, puis que ce n'est
pas le Conarion, mais bien cette
Epyphise qui s'étend tout le long
du conduit scolicoide ou vermi-
culaire, que les plus habiles Anatomistes nomment ainsi, à cause
que cette Epyphise ou production
represente la figure d'un ver, dit
en Grec scolicoide.

*Opinari autem transitui spiritus
praeesse id Conarion hominum est
σκωληκοειδὸς, hoc est vermiformis, E-
piphyseos actionem ignorantium, &
plus æquo glandulæ largientium; nam
si cerebri ipsius esset particula, quemadmodum pilorus est ventriculi, li-
ceret ipsi unâ cum cerebri dilatatio-
nibus ac compressionibus ex suo op-
portuno situ dimoto, aperire vicissim
meatum, ac claudere; postea vero
quia neque omnino pars est glandula
hæc, neque ab internis partibus ven-*

triculi, sed extrinsecus ipsi adhæret,
qui possit tam magna in meatu effin-
gere, cum ipsa moveri ex sese ne-
queat ; at quid prohibet (dicet for-
san aliquis) quominus ipsa per se
moveatur, quid tandem aliud pro-
hiberet? quod si ita esset, glandula
quidem (si diis placet) cerebri facultatem habeat ac dignitatem, cerebrum
vero ipsum, corpus duntaxat erit cre-
bris meatibus interceptum, tanquam
instrumentum ad parendum ei ido-
neum, quod movere ipsum suapte naturâ possit ; sed hæc quam ignorantiæ
sint plena atque inscitiæ, quid opus
est commemorare; nam qui somniant
oportere quidem illic alicubi circa
meatum cerebri particulam esse ejusmodi, quæ spiritus transitui præsit
ac dominetur, invenire autem ipsi
nequeunt, non est Conarion, sed ea
est Epiphysis quæ secundum totum
meatum extenditur σκωλεικη, id est
vermi adsimilis, nominant enim eam
qui magis in Anatomis sunt versati

à solâ figurâ σκωλεικοειδη, *id est ver-*
miformem appellantes Epyphisim.

Les fonctions que Galien attri-
buë à cette glande paroissent sans
doute plus conformes à sa nature
que tous les avantages que Monsieur Descartes luy donne ; car
quelle apparence y a-t-il de croire que cette partie glanduleuse
soit le trône où l'ame opere tant
de merveilles, aprés avoir appris
d'Hippocrate dans le Traité des
glandes, qu'elles ne sont faites par
la nature que pour recevoir les
superfluitez de tout le corps : Galien encherissant sur le sentiment
d'Hippocrate dit que leur temperamment est froid & humide, &
leur substance rare, friable, spongieuse, & par consequent propre
à cet usage ; je laisse pourtant au
lecteur la liberté d'en croire ce
qui luy plaira, n'ayant icy rappor-
té ce que Galien a dit de cette
glande que pour faire voir seule-

ment le peu de connoiſſance qu'ont dans l'Anatomie ceux qui nient qu'elle ſe trouve dans le cerveau, & qui la traitent de chimere & de viſion de quelques Philoſophes; & pour faire remarquer auſſi la contrarieté des ſentimens de cet Ancien, & de Monſieur Deſcartes ſur cette matiere.

CHAPITRE XII.

Des Coctions par la fermentation.

SI nôtre humide radical pouvoit reſiſter aux atteintes de nôtre feu naturel, nous n'euſſions pas eu beſoin d'un cuiſinier interieur capable de preparer les viandes, & de les convertir à nôtre uſage ; mais parce qu'il fait tous les jours quelques brêches dans ce baûme, & cette huile celeſte qui entretient la lampe de nôtre vie, la nature nous a pourvûs d'une vertu ſecrete pour en reparer les pertes par les frequentes coctions des alimens qui ſe commencent dans l'eſtomach, & s'achevent enfin dans chaque partie du corps; l'opinion commune prétend que cette premiere coction ſe fait par une vertu & proprieté ſpecifique de l'eſtomach, comme auſſi par ſa chaleur, & celle qui luy eſt communiquée par les parties voiſines, qui ſont comme un braſier toûjours allumé autour d'une chaudiere; mais j'ay fait voir dans le chapitre des vaiſſeaux ſalivaires comme cette opinion eſt fauſſe, & je puis encore ajoûter icy, qu'il y a des animaux qui digerent les os, & d'autres le fer, ce que la chaleur naturelle ne peut faire ſans un autre ſecours. Volkamer eſt de ce ſentiment, & dit que cette partie étant mem-

braneuse n'a de chaleur qu'autant
qu'il en faut pour elle-même, &
que celle qu'on y fent quelque-
fois, bien loin d'aider à la dige-
ftion, nous excite à jetter par vo-
miffement les chofes que nous a-
vons avallées : mais il confidere
l'eftomach comme un fac dans lequel les alimens s'attenuënt, & fe
liquefient par la fimple diffolution
des principes qui les compofent,
& veut que cette diffolution n'arrive qu'à caufe de leur croupiffe-
ment dans une partie lâche &
molle, & de la falive dont ils ont
efté imbus dans la bouche ; ce qui
luy fait rejetter l'opinion des modernes, qui affurent que la dige-
ftion fe fait par les levains & les
acides de l'eftomach : fa raifon eft
qu'il n'y voit aucuns refervoirs,
& qu'il ne fçait en quelle quantité il faudroit que ces acides cou-
laffent à point nommé dans le ventricule lorsqu'il eft chargé de vian-

de pour en faire la digestion; mais il n'eût jamais eu ce sentiment s'il s'étoit servi d'excellens microscopes, il eut sans doute découvert un grand nombre de glandes dont la membrane interieure du ventricule est remplie, dans lesquelles de petites arterioles dégorgent en abondance cette humeur acide, qui venant à s'exprimer excite dans l'estomach une fermentation, par laquelle ces acides penetrans les petites parties des alimens déja divisées & ramolies par la salive, continuent de les diviser encore davantage, pour en faire une plus grande dissolution, & les convertir en chile; c'est par le secours de ces microscopes que nos modernes ont apperçûs toutes ces choses, & qui les ont portez à s'en dire les premiers inventeurs, mais ils vont éprouver la verité de ce proverbe de Plaute (*nihil dictum, quod non dictum prius*) lors qu'ils

qu'ils entendront parler Hippocrate sur cette matiere dans le Livre de l'ancienne Medecine, en
ces termes :

Je croy assurément que l'estomach de ceux qui prennent des
alimens , & qui n'attendent pas
un temps necessaire pour que la
la coction de ceux qu'ils ont pris
la veille soit entierement achevée,
& qu'ils en ayent jetté dehors les
excremens & les superfluitez, mais
qui en entassent de nouveaux sur
ceux qui se fermentent , & qui
boüillent encore dans leurs esto-
machs, & sur ceux qui restent aprés
leur fermentation, cuisent plus len-
tement, & doivent se donner du
relâche & du repos.

Et sanè puto his qui cibum sumere
consueverunt , quod non expectave-
runt justum tempus donec ipsorum
venter pridiè ingestos cibos perfectè
consumpsisset, & exuperasset , eva-
cuatusque esset , ac quievisset , sed in,

K

ferventem adhuc , & fermentatum
novos ingeſſerunt , ejuſmodi autem
ventres multo tardius concoquunt, &
majori opus habent ceſſatione , &
quiete.

Hippocrate ne pouvoit pas donner plus de jour à ſes penſées, dont
les expreſſions ſont ſi nettes qu'on
n'a pas beſoin d'interpretes pour
les comprendre ; & lors que les
modernes nous enſeignent que les
coctions ſe font par la fermentation , voit-on qu'ils s'expliquent
autrement que ce grand homme,
& qu'ils ayent droit de ternir la
gloire qu'il s'eſt acquiſe dans la
curieuſe recherche des actions les
plus ſecretes de la nature ? mais
comme ſes principales occupa-
tions étoient la diſſection des animaux , pour reconnoître le mouvement du cerveau, du cœur, &
du diaphragme, les organes de la
voix, les nerfs recurrens, & parti-
culiérement le changement des a-

ſimens en chile ; doit-on s'étonner
s'il a découvert la maniere dont
ils s'attenuënt & ſe liquefient dans
le ventricule , & ne ſera-t-on pas
enfin convaincu que les modernes
n'ont rien mis du leur dans cette
découverte , qu'ils prétendent in-
juſtement leur appartenir.

CHAPITRE XIII.

Toutes les maladies ne ſe font
pas ſeulement par le ſang, la
bile , la pituite & la melan-
cholie , mais auſſi par d'autres
humeurs.

ON a toûjours crû que tandis
que les quatre humeurs, qui
compoſent la maſſe du ſang , con-
ſervent leur juſte proportion , &
leur loüable temperamment , elles

nous entretiennent dans une san-
té parfaite, au lieu que lors qu'elles dégenerent de leur degré de
bonté elles engendrent des maladies : mais les modernes outre ces
quatre humeurs en ont encore remarqué d'autres dans nos corps,
qui, lors qu'elles sont alterées, ne
sont pas moins ennemies de ce
tresor que la plufpart des hommes
facrifient aux excez & aux dé-
bauches, comme celles dont sont
engendrées la verole, le scorbut,
la peste, le cancer, & d'autres qui
nous sont apportées par les alimens, étant certain qu'on trouve
dans le corps humain des humeurs
vitriolées, tartareuses, & nitreu-
fes, au rapport même d'Hippocrate, qui dit dans le Livre qu'il a
fait du regime de vivre qu'on doit
garder dans les maladies aiguës :

Si en Esté ou en Automne il arrive quelquefois qu'une humeur
chaude & nitreuse tombe de la

teſte, elle s'échauffe avec le tems,
& acquiert de l'acrimonie qui cor-
rode, & cauſe des ulceres aux parties où elle ſe rencontre.

*Quum vero Æſtivo tempore, aut
Autumnali fluxio calida, ac nitroſa
de capite defluxerit, ut potè, ex tempore acris, ac calida facta, talis ubi
eſt mordet, & ulcerat.*

Il n'eſt donc pas difficile de
croire que le nombre de ces quatre humeurs ne puiſſe eſtre aug-
menté par beaucoup d'autres
qu'on remarque ſenſiblement
dans nos corps; car tout le monde ſçait que la terre contient en
ſoy les eſſences des mineraux, &
qu'elles ſont attirées par les plan-
tes avec le ſuc de la terre qui leur
donne la nourriture & leur accroiſ-
ſement, de ſorte qu'en nous nour-
riſſant de leur fruits, il faut de
neceſſité que ces eſſences minera-
les paſſent dans nos veines, & ſe
mêlent avec les humeurs; les eaux

mêmes que nous bûvons en font
souvent impregnées felon les lieux
foûterrains par où elles paffent.

Mais quoy que les modernes
les ayent veritablement remar-
quées, ils n'ont pas pour cela le
droit de fe donner l'honneur d'en
avoir fait la découverte les premiers ; ils devoient mieux examiner les Anciens , & ils euffent
appris qu'auparavant eux Hippocrate en avoit parlé dans le Livre
de l'ancienne Medecine, voicy ce
qu'il dit :

Il fe trouve encore dans nos
corps des matieres ameres, falées,
douces , acides , afpres , fluides ,
& une infinité d'autres qui ont
de différentes facultéz felon leur
abondance & leur force, qui tandis qu'elles demeurent dans leur
jufte proportion & loüable temperamment ne fe donnent pas à
connoître , & ne font point de
mal ; mais fi-toft qu'elles degene-

rent de leur degré de bonté, elles se manifestent, & nous causent des maladies.

Inest in homine & amarum, & salsum, & dulce, & acidum, & acerbum, & fluidum, & alia infinita omnigenas facultates habentia, copiamque ac robur, atque hæc quidem ac inter se temperata, neque conspicua sunt, neque hominem lædunt; ubi vero quid horum secretum fuerit, atque ipsum in se ipso fuerit nunc est conspicuum, & hominem lædit.

Voila les sentimens des Anciens touchant les découvertes prétenduës nouvelles ; mais je ne desespere pas qu'en continuant un commerce avec eux je ne puisse encore par les suites en découvrir d'autres qui nous confirmeront de plus en plus dans la pensée qu'on doit avoir, que les modernes se sont à tort attribué la gloire de l'invention, n'ayant seulement donné qu'un peu plus de jour aux découvertes de nos premiers Maîtres.

FIN.